Parenting
with
Love and
Wisdom

这样爱你
刚刚好，
我的1—2岁孩子

朱永新　孙云晓　李燕　主编

蓝玫　副主编　　胡泊　本册作者

湖南教育出版社

编 委 会

把幸福还给家庭（代序）

父母的教育素养，直接影响甚至决定着孩子的发展。

在教育中，家庭是成长之源。一个人的一生有四个重要的生命场：母亲的子宫、家庭、学校和职场。其他三个场所随着时间改变，家庭却始终占据一半的分量，是最重要的场所。孩子的成长，最初是从家庭生活中得到物质和精神的滋养。人生从家庭出发，最后还是回到家庭。

在家庭教育中，父母的成长是孩子成长的前提。家庭教育不只是简单的教育孩子，更是父母的自我教育。没有父母的成长，永远不可能有孩子的成长。与孩子一起成长，才是家庭教育最美丽的风景，才是父母最美好的人生姿态！抚养孩子并不仅仅是父母的任务，也是父母精神生命的第二次发育。对孩子的抚育过程，是父母自身成长历程的一种折射。如果父母能够用心梳理孩子的教育问题，就能回顾和化解自己成长中出现的问题，就能实现精神生命的第二次发育，再次生长。

过一种幸福完整的教育生活，是家庭教育的根本朝向。"幸福"不仅仅是教育的目标，更是人类的终极目标。幸福教育是幸福人生的基础。新教育实验的理想，就是让人们快乐、自主地学习，真正地享受学习生活，发现自己的天赋与潜能，在和伟大事物遭遇的过程中发现自我、成就自我。教育本来就是增进幸福的重要途径。挑战未知，合作学习，应该是非常幸福的。所以，家庭应该和学校、社区一道，努力创造让孩子幸福成长、快乐学习的环境。把童年还给孩子，把幸福还给家庭，是我们这套教材的核心理念。

"完整"的内涵比较丰富，但最重要的精神就是让孩子成为他自己。现在教育很大的问题，就是用统一的大纲、统一的考试、统一的评价，把本来具有无限发展可能的人变成了单向度的人。我们的教育是补短，就算把所有的短补齐了，也只是把所有的孩子变成一样了，而不是扬每个孩子所长。其实，真正的教育应该扬长避短。人什么时候最幸福？发现自己才华，找到自己值得为之付出一生努力的方向，能够痴迷一件事情，实现自己的梦想，一个人在这时才是最幸福和快乐的。这就是新教育所说的完整幸福。

如今，教育是父母最关注的问题，但家庭教育却在父母的焦虑中常常脱离了正确的轨道。为了"幸福完整"这一目标，我们的父母应该建设一个汇聚美好事物的家庭，自身也应该成为美好的人，从而帮助孩子成为更好的自己。

理念比方法更重要，但并不意味着方法没有价值，相反，只有好的方法才能让好的理念真正落地。因此，我们邀请了知名教育研究机构的相关专家，精心编写了这套新父母系列教材。这是国内第一套从孕期开始直到孩子成为大学生的父母系列读本，希望能够为不同年龄、不同阶段孩子的父母提供蕴藏正确理念的有效家庭教育方法。

父母对孩子的爱，再多也不嫌多。父母如何爱孩子？随着时代的变迁，方法也在不断改变。如何才能更好地爱？我们以"智慧爱"的理念，探索着充满智慧的、恰到好处的爱的方法，对此还在不断研究之中，这套书也会不断修订。希望广大父母读者及时提出意见与建议，让我们一起完善这套书，让我们对自己、对孩子、对世界，都能爱得刚刚好。

朱永新

2017年6月16日写于北京滴石斋

目录

第 一 章

磕磕碰碰中
成长的小探险家

1

1. 认识你的1—2岁孩子

1—2岁这一年，孩子将发生翻天覆地的变化：在大动作发展上，他们将经历从爬到走、从走到跑、从跑到跳这三个阶段的飞跃；在精细动作的发展上，孩子的小手灵巧了很多，他们会搭积木、会拿勺子吃饭。1—2岁也是孩子语言发展的开启阶段，孩子的语言发展由一种神奇的力量牵引。1—2岁孩子的自我意识开始萌芽，开始有些小叛逆……1—2岁孩子就像雨后春笋一般，展现出一股勃勃的生命力量。

从婴儿到幼儿，各方面飞速进步的时期

过完1岁生日，孩子的进步更大了。其中最大的一个跨越就是开始学走路啦。无论是对孩子，还是父母，这都是值得铭记的重大事件。当孩子摆脱依赖物，摇摇晃晃站立起来走向你的时候，那种幸福感和自豪感是无法用言语来形容的。

1—2岁也是孩子学习语言的关键期，除了会叫"爸爸""妈妈"外，他还掌握了很多其他词汇，比如"水""饭""吃"等，到了2

岁左右，孩子就会说简单的句子了，掌握的词汇也接近 300 个。孩子的语言发展以一种神奇的速度进行着。

1—2 岁孩子还有一个重要变化就是自我意识的萌芽。他开始意识到自己是有自主权的人，有能力做出决定，可以使事情发生变化，能对其他人产生（好的或坏的）影响。伴随着自我的发展，孩子想自己做出决定，想表达自己的愿望，重视他新得到的能力，与此同时，他还非常害怕与关系最密切的人分开。

孩子天性爱探索

学步期的孩子喜欢对各种东西进行探究，总是兴致勃勃，精力旺盛，对每一项新发现都感到兴奋不已，不过他们对可触摸与不可触摸的东西之间的界限是相当模糊的。

生活中，父母经常要对学步期孩子说"不"，但同时也必须承认，"不"这个字对孩子有可能产生重大的影响。孩子听到"不"的次数过于频繁，可能会使他们把"不"和"不要去尝试，不要找出答案"画上等号。父母要对学步期孩子的探索设立规则，用语言告诉孩子可以做什么，不可以做什么。通过一次又一次的示范和解说，帮助孩子学会安全的探索方式，促进孩子语言能力的提高。在对孩子悉心看管的前提下，父母应鼓励孩子进行探索。

学步期就是孩子的探险期，要给孩子探索的自由。这个阶段，如果孩子能够在有启发性的环境中自由自在地成长与玩耍，自由自在地探索，就能够建立起对自己的信心。

在探索中成长

磕磕绊绊迈出的脚步不仅是孩子自由行走的开始，也标志着他的心理发展到了要求"自由、独立"的阶段。很多孩子会经常在这个阶段说"不"，但这其实未必是他真的在反抗什么，只是他在高强度地练习说这个字。还有就是他想在这个字后表达"我"，这是孩子塑造自我的一个阶段。

学步期是孩子成长过程中的一个过渡阶段，往往不是一帆风顺的。在这一阶段内，孩子从一个无助的婴儿成长为一个能在一定程度上自我关照的两岁孩子，会在自我管理方面承担越来越多的责任，其吃饭、睡觉等日常生活中很多事情的规律也会有所变化。孩子在12个月大时，完全可能独自入睡。但几个月之后，孩子也许会在半夜醒来，非得让父母哄着才能入睡。

父母对孩子的某些短暂倒退行为不用太过焦虑，一些小异常或者倒退的行为反映了孩子成长中的螺旋规律。总体而言，孩子依然是在稳步向前发展的。

2. 给父母的建议

拥有 1 岁孩子的家庭，生活总是在吵吵嚷嚷和忙忙碌碌中度过。而正是在这一过程中，父母与孩子的感情得以充分的交流。实际上，这种感情交流是他们日常生活中一个很重要的部分。每个人都在调整自己，以适应对方的性情和个性。孩子在婴儿期形成的对父母的依赖感，现在进入了一个新阶段。

抓住依恋期，建立安全感

1 岁是孩子与父母之间真正建立依恋关系的关键时期。稳固亲子关系甚是母子之间的信赖感，是教养 1 岁孩子的先决条件。

给孩子一个稳定而充满爱的生活环境

现在很多双职工父母工作很忙，没有时间照看孩子，而家里老人又不习惯住在一起，无奈之下，很多父母就开启了两地甚至多地带娃的模式。周一至周五把孩子放在爷爷奶奶家，周六周日把孩子接回来；有时外公外婆想孩子了，也会把孩子接过去住几天。这样看起来似乎没有什么问题，也照顾到了老人的心理需求，但是对孩子来说，不断变化的环境会让他无所适从，情绪起伏不定，从而影响孩子安全感的建立。因此，父母要尽可能给孩子提供一个稳定的生活环境，尽可能将孩子放在身边带养。

经常给孩子触摸、抚爱

对 1 岁孩子，父母触摸他们的方式有很多，如按摩、轻抚、轻拍、搂抱、吊着胳膊荡秋千等，而无论怎样的触摸，都是向孩子表达同样的情感——喜爱、接纳和重视，父母应尽可能多地这样做。

积极回应孩子的需求

1 岁以后，孩子的表达能力越来越强，他会通过语言、动作表达自己的需求，他会用哭声吸引你的注意，会拉着你让你和他做一件事情……作为父母，除了悉心照料孩子的日常生活，还要及时察觉孩子的情绪变化，积极回应孩子的需求，发现孩子有不安、恐惧、伤心等不良情绪时，要及时给予他安慰和保护。

培养孩子良好的生活习惯不可错过的一年

保持良好的生活习惯、遵循固定的生活节奏，能够让 1—2 岁的孩子生活在稳定的环境中，减少成长问题的发生，这也是孩子安全感养成的重要基础。对 1—2 岁孩子来说，良好的生活习惯包括作息规

律、好好吃饭、讲究卫生等。

充分良好的睡眠有助于孩子大脑和身体的发育，父母要格外重视。1岁孩子每晚仍然需要睡10个小时以上，白天也要有1~2次睡眠。父母要给孩子创造良好的睡眠环境，尤其要做好时间上的安排。

1岁孩子开始和大人一样吃饭。对父母来说，让孩子好好吃饭成为这个时期养育的一项重要任务。值得注意的一点是，父母对某种食物的喜恶不要影响孩子，不要以自己的口味来安排孩子的饮食，否则容易造成孩子挑食和偏食的坏习惯。

关于卫生习惯，1岁孩子需要学习的是洗脸、洗手、洗澡、上厕所等。当然，我们不能要求1岁的孩子自己去完成，重要的是帮助他们养成良好的卫生习惯，比如早上起来第一件事情是洗脸洗手，饭前便后要洗手，经常洗澡，规律地上厕所，等等。这对孩子的身体健康是很有好处的。

对1—2岁的孩子，当以顺从为主

1—2岁是孩子的学步期、学语期，他们对这个世界充满好奇，急切地想探知一切奥秘，但是，他们又苦于无法很好地表达自己的需求，于是经常采取哭闹、发脾气等方式来发泄自己的不满。

作为父母，你要尽量猜测孩子真正的需求是什么。很多时候孩子发脾气、哭闹是因为他累了或是困了，父母就要尽快安抚他，让他得到充分的休息。而有些时候是因为孩子想要某样东西，父母出于安全的考虑不能给他，孩子得不到满足而哭闹，这时候不妨给他一些好玩的东西，让他暂时转移一下注意力。

一岁半以后，孩子的自我意识开始萌发，他们以自我为中心，爱唱反调，物权意识特别强，不能容忍别人动他的东西。这也是特别考验父母耐心的时候。值得庆幸的是，这个时期的孩子，情绪来得快去得也快。在孩子哭闹不止的时候，你可以带他离开当下的环境，你会发现孩子一会儿就平静下来了。

接纳孩子，不要刻意加速他的成长

孩子的成长有其自然规律，只有到了一定的发展阶段，他们才能获得相应的能力，比如孩子在学会走之前是不会跑的。父母要根据孩子的发展规律调整自己的教养方式和对孩子的预期。

同时，父母也要认识到，每个孩子都是独一无二的，有他自己的发展速度，千万不要拿着所谓的标准去要求自己的孩子，一旦未达到就焦虑不安，这会给孩子的成长带来不必要的压力。

父母要相信，无论你是否刻意去教孩子，只要到了一定的阶段，他自然就会获得相应的能力。作为父母，要学会欣赏孩子的成长，观察并享受孩子每一周、每一月出现的新能力。不要老是去想"下一步应发展什么了"，而应该让你和孩子一起充分体会每一阶段的乐趣。

小贴士　双生儿爬楼梯实验

美国心理学家格塞尔曾经做过一个著名的实验：让一对同卵双胞胎练习爬楼梯。其中一个为实验对象（代号为 T），在他出生后的第 48 周开始练习，每天练习 10 分钟。另外一个（代号为 C）在他出生后的第 53 周开始接受同样的训练。两个孩子都练习到他们满 54 周的时候，T 练了 7 周，C 只练了 2 周。

这两个小孩哪个爬楼梯的水平高一些呢？大多数人肯定认为练了 7 周的 T 应该比只练了 2 周的 C 好。但是，实验结果出人意料——只练了 2 周的 C 爬楼梯的水平比练了 7 周的 T 好，C 在 10 秒钟内爬上了特制的五级楼梯的最高层，T 则用了 20 秒钟才完成。

格塞尔分析说，其实第 48 周就开始练习爬楼梯为时尚早，孩子没有做好成熟的准备，所以训练只能取得事倍功半的效果；53 周这个时间就非常恰当，孩子做好了成熟的准备，所以训练能达到事半功倍的效果。

3. 父母意识与父母成长

家庭是孩子生活成长的第一环境，父母作为孩子的第一任老师，其养育方式将影响孩子的一生。父母意识往往体现了父母的价值取向，进而影响他们的教养模式及对孩子的态度。

小贴士

父母意识可以分为两个层面：一个层面是针对孩子的，如对孩子的期望与教养模式。传统意义上的亲子关系似乎仅仅体现了父母意识的这一维度，是由父母单一指向孩子的，例如父母命令孩子做这做那或给予孩子实物及情感上的满足。另一个层面则是面向父母自己。在现实生活中，过高的父母-子女一体化趋向经常导致父母将孩子的成功与否看作自己是否成功的主要指标之一，因而常常对孩子期望甚高，而放弃自身的努力与进一步发展。只注重对孩子的要求而忽视自身努力的消极父母意识给孩子的成长与发展带来的是不利的影响。

不可避免的育儿焦虑

年轻父母的育儿焦虑与对孩子的过分关注密切相关。有些父母也隐隐约约地意识到了自己过分关注孩子的问题，并且从专家那里得知，过分的关注既没有必要，同时对孩子心理的发展或许弊大于利。

令父母感到为难的是，尽管父母已开始认识这一问题并力图有所改变，但又难有改观，诚如一些家长所说的，"对孩子的过分关注常常是情不自禁的，难以抑制的"。随着孩子年龄的逐步增长，育儿焦虑的内容也会不断变化；同时，随着父母养育经验的逐渐积累，育儿焦虑也会随之减轻。适度的育儿焦虑会加强亲子间的联系，有助于鼓励孩子取得成就。但若育儿焦虑过于强烈，则易对孩子过度保护或产生过高期望，前者导致孩子主动性与创造性的匮乏，后者则导致父母由于孩子不能满足其期望而感到失望并对孩子予以否定。

如果遇到了这些困扰，就要暂时让自己停下来，想一想：孩子为何来到你身边？他的到来理应是帮助你提升生活品质、增加生活乐趣的，而不应是增加生活负担，使你心烦意乱的。此时你最需要做的就是重新定位自己作为父母的角色。你要明白，在孩子成长的同时，你自身也在继续成长。

父母要有主动学习的意识

好父母不是天生的，而是在后天的学习和反思中不断成长的。因此，父母要有主动学习的意识，从养育方式、养育知识和养育技能三个方面提升自己，这样在遇到具体问题时就能迅速分析原因、找到办法、有效解决。

养育方式

既尊重孩子的独立性，又坚持自己合理要求的民主型父母，有助于孩子形成自信、知足、独立、爱探索、自我控制、自我肯定、喜欢交往的性格特点；滥用家长职权的专制型父母易导致孩子缺乏安全感、压抑、忧虑、退缩、怀疑、无主动性、不喜欢与同伴交往，且在能力、自信、自我控制方面表现一般；对孩子没有明确要求、奖惩不明的放任型父母易导致孩子不成熟、依赖性强、胆小、遇到新奇的事物会紧张或退缩等。

养育知识

年轻父母需要掌握一定的知识来理解孩子的行为，并依照自己所掌握的知识在日常生活中照顾和养育孩子。

——有关孩子发育发展的知识，例如了解孩子的身心发展规律、能力发展水平，掌握孩子在某个阶段特定的需求等。

——有关孩子健康和安全的知识，例如了解促进孩子身心健康发展的知识，了解如何防止常见意外的发生，了解孩子生病了该怎么处理等。

养育技能

养育技能指的是父母在日常生活中的具体照顾行为以及养育策略。比如 1 岁孩子学走路，父母可以提供哪些支持？孩子哭闹不止，父母怎么应对？孩子喜欢咬人怎么办？等等。当然，养育技能要建立在掌握养育知识的基础上，只有父母了解了孩子行为背后的真正原因，才能找到合适的办法。值得一提的是，对于他人的育儿经验，父母要仔细权衡是否适合自己的孩子。

回顾与思考

1. 相比 1 岁前，你认为自己的孩子在哪些方面有了明显进步？

2. 你的孩子建立了良好的依恋关系吗？具体有哪些表现？

3. 教养 1 岁孩子当以顺从为主，你赞同这个观点吗？

4. 在培养孩子良好生活习惯方面，你是怎么做的？

5. 你有育儿焦虑吗？最困扰你的有哪些问题？请用笔记下来，本书后面的章节也许能给你一些帮助。

2

第 二 章

走好人生第一步

1. 学步进行时

1—2岁是孩子的学步期。孩子学走路对整个家庭来说可是一件大事，很多年轻的父母会四处取经，做足精神和物质上的准备，但真的到孩子学走路的时候还是会出现各种意想不到的问题。我们且一起来看看孩子学走路这件事。

做好学步前的准备

创造安全的学步环境

家中孩子要学步，安全第一位。以下是给父母的一些安全小建议：

——把家中有棱角的物件都挪开，或是装上防护设备，或是使用圆桌、圆凳等。

——不希望孩子打开抽屉翻出所有东西，也担心开关抽屉不小心夹手的话，可以将有抽屉的家具调转方向，使抽屉面向墙。

——墙上的电插头不用时需用安全塞堵上，以免孩子因好奇而将手指伸进去。

——有危险的剪刀、针线、扳手等要放到孩子看不到、够不着的地方。

——桌子上的杯子、碗、瓶子、罐子等沉重的、易碎的物品都要收到柜子里。

——卫生间、厨房的门要及时锁上，这两个地方有太多的危险因素。

——室外的危险更多，且大部分我们无法掌控，所以最好带孩子去空旷、人少、无车的地方玩。父母要时刻警惕威胁孩子安全的因素。

合适的学步鞋很关键

古人云：工欲善其事，必先利其器。给孩子准备合适的鞋非常重要。太软或太硬的鞋底不合适，图省钱给孩子穿大一号的鞋也不合适，有鞋带的鞋更危险。有的父母给学步的孩子穿带"响笛"的鞋子，殊不知孩子学步就像新手开车上路，需要集中精力，带响声的鞋子只会干扰他们的注意力而影响走路练习。

穿宽松防滑的衣裤

学步孩子的上衣可以稍长些，以免活动时露出肚子着凉。衣服要合身，略宽松，过于肥大或窄小，要么带来行走的不便，要么影响动作的伸展。学步的孩子似乎还没有"腰"，裤腰太紧会影响呼吸、运动及骨骼发育，太松裤子容易掉下来影响活动，所以松紧程度要把握好，穿背带裤学步也是个不错的选择。学步时选择合身"小内裤"式的纸尿裤，则可以让孩子无拘无束，更自由地探索世界。

要学步，先站稳

孩子学走路，首先要能站稳，这是走向成功的第一步。训练时，你可以先让孩子扶着沙发，然后取一个他喜爱的玩具，当孩子伸出手来拿时，你就把玩具拿得远一些，使他不得不离开沙发来取你递过来的玩具；或者让孩子拿一些较大的、单手拿不住的玩具，如大皮球、充气玩具等，孩子要想拿住，并且拿稳，就必须双手来拿，这时他就会暂时把手离开扶着的东西来接玩具。以上两个办法都是使孩子离开支撑身体的物体，用双脚来站稳的方法。

掌握孩子学步的最佳时机

孩子什么时候学步好呢？一般来说，孩子在 10 个月至 1 岁 8 个月期间学习走路都属于正常年龄范围，但具体到每个孩子身上，这种说法就显得有些笼统了。这里介绍一种简单的判断方法。

孩子想迈步的时候，一定是在支撑物的帮助下进行的，支撑物可以是父母的手，也可以是家具等。

当孩子刚刚能够离开支撑物站立时，父母切忌急于求成，让孩子马上独立行走，而应当让孩子继续在支撑物的帮助下练习。只有当孩子离开支撑物，能够独立蹲下、站起并能保持身体平衡时，才真正到了学步的最佳时机。

小贴士 **慎用学步车**

孩子学走路无论对孩子还是对父母都不是件轻松事，父母常常会累得腰酸背疼。很多家庭会事先准备好学步车，但对学步车的利

弊一直争议比较大：学步车虽然暂时"解放"了成人，却很可能给孩子将来的发展埋下隐患。

首先，学步的孩子本身站立时还不是很稳，当把孩子放进学步车时，孩子会试图用手扶着学步车站稳，车子一下就动了，为了保持平衡，孩子不得不被动"行走"。他的脚跟基本不用力，而是靠踮着脚尖来跟上学步车的速度，久而久之，就容易形成前脚掌着地的"欠脚"走路姿势。

其次，学步需要手、眼、脚之间的协调，学步车前面的安全大托盘挡住了孩子的视线，孩子看不到自己走动的脚，不了解自己何以走动。学步也需要花力气，但用学步车行走时，孩子几乎是随车轮滑动而行走，这样会使孩子缺乏真正的锻炼，不利于学站、练走。

最后，学步车在孩子的身体四周设有保护以保证安全，孩子虽不会摔倒，但也因此失去了对平衡能力和身体协调能力的锻炼。他们往往不能体会独立行走的感觉，经常出现重心不稳、两腿迈不开步的现象，这样反而会导致行走的延迟。

一步一步向前走

初练行走，孩子不免有些胆怯，想迈步，又迈不开。父母应伸出双手做迎接的样子，孩子才会大胆地跟跟跄跄走几步，然后赶快扑进你怀里。在这个阶段，父母不要急于求成，更不能怕孩子摔跤、磕碰而久久不敢放手，应鼓励孩子走路，并创造条件，使他早些学会走路。

牵手学步效果好

最初学走路时，可以让孩子踏着你的脚背学走，让孩子在前进后退中感觉身体变化。具体做法是：面对孩子，用双手拉着他的小手，让他的两脚踏在你的脚背上。待孩子站稳后，你向后倒退走，让孩子踏着你的脚背向前走，边走边说"宝贝学走路，跟着妈妈走，走呀走呀走"。孩子学会了两脚交替向前迈步的动作后，你可以再教他向后走。

有些孩子其实自己已经会走，但总得让大人扶着才敢向前迈步。开始的时候，你可以站在孩子前面，让孩子牵着你的一根手指向前走，孩子行走熟练一些后，你再跟他一起向前走。

接下来，你可以找一块小手绢或毛巾，拉着一头，让孩子拉着另一头。开始时可以让手绢或毛巾绷紧些，使孩子感受到你的帮助，之后逐渐放松手绢或毛巾，虽然你还拉着手绢或毛巾的一角，但实际上已经起不到任何帮助作用了。当孩子在手绢或毛巾放松的情况下依然敢于向前迈步时，慢慢地就可以不用手绢或毛巾牵引，孩子也敢自己走了。

在训练过程中，要胆大心细，既要尽量让孩子自己走，也要照顾孩子的安全。如果孩子摔得太狠，会影响走路的信心，不肯再学走路了，这样会使孩子学走时间延迟。

锲而不舍学走路

学会行走，不仅是孩子动作发展上的分水岭，也是其心理发展的重要里程碑。学会行走的孩子，更乐于独立探索世界，迫切想要挣脱成年人的束缚。虽然摇摇晃晃，跌跌撞撞，却是义无反顾地走向独立。

当然，孩子摔倒了，爸爸妈妈都会很心疼。但是走路练习还得继续，不能因噎废食。父母能做的就是不断鼓励并加强安全保护工作，帮助孩子学好走路，少摔跤。

在训练孩子行走时，应时时给孩子鼓励，让孩子勇敢地向前迈步。当孩子不敢向前走的时候，你可用"宝贝，过来吧""妈妈在这里等着你"等言语，再加上微笑的表情和张开双臂迎接孩子的姿势，让孩子乐于向你走近。

孩子走到目的地后，父母可以拍拍手表明他做得很好，可以用言语比如"宝贝你做得真好""宝贝你真棒"等来激励他，也可以抱住孩子再拍拍他，总之要让他感觉到父母的鼓励。

赤足运动好处多

赤足走路可以使孩子的足底直接接受地面摩擦的刺激，增强足底肌肉和韧带的力量，促进足弓的形成，减少扁平足的发生。

双脚经常裸露在新鲜空气和阳光中，也有利于足部血液的循环，提高抵抗力和耐寒能力，预防感冒或受凉腹泻等。

赤足走路还能刺激末梢神经，促进植物神经及内分泌系统的正常发育及其调节功能的增强，促进血液循环和新陈代谢，给大脑充足的能量，加快大脑发育，提高大脑思维的灵敏度和记忆力。

当然，让孩子赤足走路，要确保路面平坦、干净，慢慢来。开始训练时可以让孩子在床上赤足走，进而在家里的地板上，然后慢慢地转移到外面的草地、沙地或鹅卵石小路上。不要一开始就让孩子光着脚在沙滩上或草地上走，以免弄伤孩子娇嫩的双脚，或让孩子着凉。

学步期的安全保护

摔跤后的应对

孩子摔跤并没有父母想象中的那么疼。刚学步的孩子，腿部力量不足，身体的平衡感差，摔跤在所难免。孩子摔倒的时候，你不需要太担心。有研究表明，孩子早期越是年龄小，对疼痛的敏感度越低，同样的疼痛，孩子感受到的程度比成人轻很多。普通的摔倒对孩子来说并不会很疼。

父母对摔跤的态度影响孩子后期的学步体验。孩子学步摔跤后父母的处理方式往往决定了孩子此时的行为反应，它不仅影响孩子当时的反应，甚至可能影响他一生面对挫折的态度。

孩子摔倒后，父母的反应主要有三种——惊慌失措、连哄带骗和鼓励支持，以惊慌失措居多。本来，孩子摔倒后，不知道怎么处理的同时有一定的痛觉，这种情况下如果看到爸爸妈妈过分紧张，孩子自己也会变得害怕和柔弱起来。也就是说，父母的惊慌失措反而会加剧孩子的恐慌，让他以为摔倒是一件很可怕的事情。有些父母抱着孩子又亲又哄，觉得孩子学步是在吃苦，这样孩子摔跤后更是会大哭，以后也可能会变得害怕挫折。

也有孩子摔倒后，父母口是心非地说："一点儿都不疼，宝贝最勇敢了，宝贝不哭，自己站起来！"孩子通常就会选择强忍眼泪，起来继续练习走路。这样的处理方式很可能使孩子以后变得不愿意表达自己的真实感受。

孩子摔倒后，亲不得又"骗"不得，那么父母该怎么做呢？虽然孩子的表达能力有限，但是你仍然应该仔细观察孩子的反应。最好的做法就是在没有危险的情况下，不要惊慌，更不要急着扶孩子，让他自己爬起来。你应用温和肯定的态度告诉孩子"没关系"，鼓励他自己爬起来。你可以给孩子一个拥抱，但不要过于夸张，再耐心地询问孩子疼不疼，是否愿意继续练习走路。

如果孩子清楚地表达了自己的意见，那么你就应该按照孩子的意愿去做，或者继续练习走路，或者作罢。要让学步成为一种快乐的体验，否则会使亲子间产生更多的负面情绪，也使得孩子对学步充满恐惧和不安。

父母要注意的安全事项

行走的孩子比爬行的孩子更容易受伤，其膝盖、手肘容易因为身体失重、触地摩擦而受伤，头部会因为撞击而受伤，这些都需要父母特别关照：

——不要让孩子远离你的视线，要避开湿滑的地面，注意路上的障碍物；

——小心家具边边角角的潜在危险，不让孩子进入厨房，别让抽水马桶成为孩子爱玩的宝贝，尖锐物品尽量放置到孩子够不着的地方；

——药品或细小用品也要妥善藏好，容易拉下的盖布、桌布上不要放置其他物品，以免孩子将其拉下而被物品砸伤；

——在孩子行走之时不要喂他食物，以免发生危险；

——在寒冷的季节训练孩子学步时，要适当少给孩子穿衣服，以免孩子行动不便或活动出汗后感冒。如果是温暖的季节，也可以带孩子到室外学走路。

小贴士　学步异常需警惕

正常情况下，15 个月的孩子就能行走自如。但如果孩子 2 岁还走不稳或不会走，就必须带孩子去医院检查并采取积极的治疗措施。这有可能是脑神经方面或者髋关节的问题，也有可能是心理因素造成的。

在孩子走路期间，要注意密切观察孩子是否有以下异常的行走姿势：

不能单独站立，必须要大人扶或扶着物体才能站立；

自己能走，但左右摇摆幅度过大，容易摔跤；

迈步的过程中脚尖有明显的方向变化；

扶着东西可以走得很好，不扶东西则不能自己走。

2. 从走到跑的大动作发展

一般情况下，一岁半的孩子，在比较自如地直立行走的基础上逐步学会了跑步。也有的孩子走得还不稳就想学跑，似乎是自不量力。其实，这一时期的孩子跑的时候只有类似跑的动作，没有跑的腾空姿势。这是因为他们练习走时，身体重心较为靠前，不得不加快步伐的频率，以类似跑的动作来代替走。到了两岁左右，孩子就基本能跑了。但是由于孩子早期身体形态特征是头大、躯干长、四肢短以及下肢力量较弱，平衡能力差，所以跑起来就显得头重脚轻，摇摇晃晃，步幅小，步子快，容易跌倒。为了保持身体的平衡，两脚之间的距离也比较宽。

孩子学跑三阶段

一般一岁半左右的孩子就开始学跑了。刚开始还跑不稳，慢慢地，就可以连续平稳地跑 5~6 米了。孩子学跑可分三个阶段：

牵手跑

和孩子面对面，你牵着他的两只手，向后慢退着跑；然后，只牵着他的一只手退着跑；最后，你从侧面牵着他的一只手一起向前跑。可以用一只皮球向前滚，你们一起追皮球。练跑时，不要用力握孩子的手，而应尽量让他自己掌握平衡，以防你用力不均使孩子前臂关节脱臼。

放手跑

孩子向前跑时，你在他前方 0.5 米远倒退慢跑，以防他头重脚轻前倾时摔倒。

自动停稳跑

孩子跑时能自动放慢脚步平稳地停下来，才算学会了跑。你可以在孩子跑时用口令"一、二、三，停！"，使他渐渐学会将身体伸直、步子放慢而平稳地停下来。

小贴士   学跑时的注意事项

孩子起初尝试跑时，不要因为怕他摔倒而制止，应该多给予鼓励。

为孩子穿合脚、舒适的鞋。

外出让孩子独自走或跑时，尽量选择相对柔软的场地。孩子练习跑时，要选择防滑的地面，减少孩子摔跤的危险。

冬天在户外活动时，要为孩子穿上大小合适的外衣，以免影响孩子运动。

可以利用风车或拖拉玩具等来增强孩子跑的趣味性。

进行跑步训练时，父母不要离开场地，要注意保护孩子的安全。

发展大动作的小游戏

一岁半以后，孩子一般能走得很好了，当他们尝试爬楼梯、单足站立的时候，他们的肌肉运动能力也在继续发展着。这时不能简单地把行走看成只要孩子自己会走路就可以了，而应该在走稳的基础上，引导孩子完成身体的平衡训练、步伐控制训练、节奏训练等，为孩子运动能力的发展奠定基础。这个时期有许多陪孩子做的游戏。

转弯走

可以把户外的树、杆当作转弯标志，也可以带孩子去有迷宫、隧道等设施的游乐场所，引导孩子做急转弯行走的动作，训练他的步伐控制能力。

走"小路"

主要训练孩子的身体平衡能力。用普通的书铺成一条"小路"，可以垫高一点，或者铺设成有弯道的"路"，让孩子在上面走走；也可让孩子走走户外的花台，比较窄小的坎等。

躲开"炸弹"

刺激孩子的身体感觉发育及快速反应能力。准备 3~5 个球，告诉孩子这些是"炸弹"，不能碰到它们。在孩子朝着某个目标物行走的过程中，以不同的速度把球朝孩子滚过去，看他是否会迅速地调转方向以避开球。

采蘑菇

准备一个小提篮，一只玩具兔子，一些彩色纸板剪成的蘑菇，并将蘑菇散落在地上。取出玩具小兔，说"小兔子饿了"，让孩子去采一些蘑菇。然后让孩子提着篮子拾蘑菇，再走回父母身边。

扶栏上、下楼梯

带孩子外出游玩时，可以训练孩子上、下楼梯。开始选择的楼梯不要太多层，高度也要适中，以便孩子能够较顺利地上、下完楼梯，体验到成功的快乐。

抛皮球

给孩子一个经常玩耍的皮球，对他说："宝贝，把球扔给我。"开始的时候，孩子很可能把球丢出来就很得意。你捡起球之后，一边做示范动作，一边告诉他"宝贝这样扔，把胳膊举高再扔"，教他将拿球的手举起过肩，再用力将球抛出。如果孩子举不起来，就扶住他的胳膊，帮助他将手举过头，再用力扔。慢慢地教他将肘部屈曲再往外抛球，这样才容易使上劲。反复练习，直至孩子能向前方抛球，以锻炼动作的协调性。

走直线

在孩子行走自如的基础上，可以带孩子到室外去，在地上画一条直线，让孩子踩着线走，通过这样的训练，提高他的平衡能力。

走"S"形线

用粉笔在地上画一条约 10 米长的"S"形线，让孩子踩着线往前走，走到头。如果孩子始终能踩着线走，要给予表扬。如果孩子情绪、体力都很好，可鼓励孩子来回走几趟，这样的练习能促进孩子左、右脑的同步健康发展。

这些游戏训练，可以锻炼孩子的骨骼和肌肉，促进身体各部分器官及其机能的发育，发展身体的平衡能力和灵活性，还能使孩子体察到自己的能力，获得成就感。

3. 从大动作到手部精细动作的过渡

孩子的动作发展主要包括两个大的领域：一个是身体运动如走路等大肢体动作；另一个是精细动作，以手的动作为代表。走路的敏感期是1—2岁，而手的动作敏感期是1.5—3岁。

孩子从迈步到学会走路这个过程中，是非常愿意走路的，而且不愿意让成人拉着走，手的动作则是伴随着走路而发展，孩子走到哪里，手就抓到哪里。手连着大脑，手的活动又受到大脑的支配。孩子的学习都是通过手来进行和获得的。

小手的作用

1岁以前的婴儿，手的抓握动作已经发展起来，也出现了初步的手眼协调玩弄物体的动作。但这些动作是不明确的，孩子还不会根据物体的特点来玩弄、操纵它。例如，不论是小勺、小鼓还是小盒，都拿来敲击，不会分别用小勺做喝水动作，用小鼓做击鼓动作，用小盒子做装东西的动作。同时，他们的动作也是不准确、不灵活的。

1岁以后的孩子，在正常的生活和教育条件下，在经常接触日常物体的过程中，通过成人的不断示范和自身的不断模仿，逐步学会了比较复杂、准确而灵活地玩弄和运用物体的动作。手的动作也更加灵活，能搭起2~3块积木、拿笔画线、自己拿勺子吃饭等。同时，手的动作也不再只是和物体直接联系，还增加了其他性质。首先，孩子学会了使用工具，如把木棍当作锤子敲击东西，用勺子吃东西，用杯子喝水，用笔乱涂乱画等。其次，手开始成为孩子和他人联系的媒介，孩子学会了把东西交给别人，或从别人那儿拿取东西。最后，手已经能作为指示或者表示某种意思的手段。这时的孩子能理解大人的手势，并且能用自己的手点物，如问他"爸爸（妈妈）在哪里"，他就能用手指出爸爸（妈妈）所在的方向；问他"你的眼睛呢""你的耳朵在哪里"，孩子也能准确地指出来。

孩子运用手的能力的发展，在儿童心理发展上具有重要意义。手的灵活、准确活动能使大脑的广大区域得到刺激和发育。这个时期，父母可以通过游戏、手工制作，鼓励孩子做力所能及的事，促进其手部动作的稳定性、协调性和灵活性，以促进孩子精细动作能力的发展。

好玩的手指游戏

手指拔河

父母用拇指（或其他手指），孩子用任意两个手指，进行拔河，看谁能把对方拉过来。这是一项锻炼孩子手部力量的游戏。孩子即使使用两个手指，在力量的对比上仍然是很弱的，可根据孩子手指和臂力的发育情况，改用一只手，甚至双手与父母的一指对拉。

抓积木

准备大小不同的积木，让孩子只用两个手指头把一块积木抓起来。先用拇指和食指抓，再分别用拇指和中指、拇指和无名指、拇指和小指拿起同样的积木。然后用以上的办法逐渐拿大的、重的积木。右手学会后，再改用左手。

训练孩子用手指抓稍微重一点的东西，可增强手指的运动能力。除观察孩子能否拿起外，父母还要注意观察，孩子哪些手指抓握持续的时间长，哪些持续的时间短。对于持续时间短的手指要多训练。

玩面团和彩泥

给孩子准备一些面团。可以在面粉中加少许盐和一点食用染料，然后加水揉成面团，为了不让面团粘手可加入一点花生油，只需几分钟，好玩的彩色面团就准备好了。

孩子可以用手摸、拍打面团，也可以搓、揉面团，看着面团在自己手中不断变化，孩子会感到无穷的乐趣。如果无意中捏成了某种小动物或水果等物品的形状，加之爸爸妈妈对他进行表扬，孩子会更开心。

此外，也可以在商店购买传统的橡皮泥或新型的更柔软的彩泥给孩子玩，既可以增加孩子的触摸经验，又可以促进其手部肌肉的发育，同时还能培养孩子的专注力。

穿珠子

鼓励孩子自己动手穿珠子。可给孩子准备一根粗线绳或塑料绳和一些珠子，在一旁指导孩子一步一步慢慢来。提醒孩子用一只小手的拇指和食指捏住线绳，用另一只小手的拇指和食指捏住珠子，然后捏住线绳的手主动向珠子的眼靠拢。一旦孩子成功将绳子放入眼内，马上给予表扬。孩子学会穿珠子以后，可以鼓励他学穿大的别针后面的圆孔，穿扣子上的洞等。记住，每当孩子获得成功之后，请不要吝惜你的表扬。值得注意的是，做这个游戏时，父母要细心照看，以免孩子误吞珠子、扣子等物品。

装豆子

装豆子是最简单易行的游戏。先准备一个空盒或空瓶，把一些豆子、珠子、扣子、花生米之类的东西放在桌子上，让孩子逐个往空盒子或空瓶子里面放。同时也要注意防止孩子误吞游戏物品。

涂鸦

让孩子手握粗的彩笔或蘸颜料的小木棍、纸团等工具，在大纸上随意涂抹作画。这是一项充满动感的感官刺激活动，孩子进入状态之后就会非常投入。孩子涂鸦时，父母要在一旁予以鼓励，对孩子加以赞赏，与孩子一起分享游戏的快乐。

小贴士　1—2 岁孩子身体、动作发展参照表

13 个月	体重身高	男婴体重：7.9~12.3 千克，身高：72.1~81.8 厘米 女婴体重：7.2~11.8 千克，身高：70.0~80.5 厘米
	大动作	能独自站稳并且可以弯腰捡拾东西，然后再站直 摔倒时能自己爬起来 开始学步时，孩子可能用脚尖走路 模仿力进一步增强 吃饭时喜欢自己动手
	精细动作	给孩子穿衣服时，能够配合伸出小胳膊和小腿 大多数 13 个月大的孩子能抓住一块积木，并把它扔到盒子里 有些孩子能握住勺子，但是还不会使用
14 个月	体重身高	男婴体重：8.1~12.6 千克，身高：73.1~83.0 厘米 女婴体重：7.4~12.1 千克，身高：71.0~81.7 厘米
	大动作	双臂能随大人做 4 个方向的运动 会拖着物品行走 会借助小凳子、桌子、沙发等物体往高处攀爬
	精细动作	会把自己的手指插进有孔的地方 喜欢到处涂鸦 能够用手指捏起物品，拇指和食指、中指能很好地配合
15 个月	体重身高	男婴体重：8.3~12.8 千克，身高：74.1~84.2 厘米 女婴体重：7.6~12.4 千克，身高：72.0~83.0 厘米
	大动作	会扶着栏杆或其他物体，抬起一只小脚 能够把脚下的皮球踢跑
	精细动作	可以用拇指和食指捏起线绳一样粗细的小草、棍棒 能一只手拿着奶瓶喝奶、喝水 会用手指向他想要的物品 会翻稍厚的小人书的书页，一次翻过很多页，还不能一页一页地翻

续表

	体重身高	男婴体重：8.4~13.1 千克，身高：75.0~85.4 厘米 女婴体重：7.7~12.6 千克，身高：73.0~84.2 厘米
16 个月	大动作	能独自走路，会尝试向前跑几步 能自如地蹲下，能尝试扶着栏杆上、下楼梯 喜欢在散步时由父母牵着手双足往前跳跃
	精细动作	喜欢拉拉链、扣扣子 喜欢尝试自己洗手、洗脸 能够很熟练地用拇指和食指捡起地上的小物品
	体重身高	男婴体重：8.6~13.4 千克，身高：76.0~86.5 厘米 女婴体重：7.9~12.9 千克，身高：74.0~85.4 厘米
17 个月	大动作	喜欢爬楼梯 牵着大人的一只手能够单脚站立 3 秒钟左右
	精细动作	能够自己拿勺吃饭、拿杯子喝水 能自己摘帽子、脱鞋，但不会解鞋带和系鞋带 有可能独自完成 3 个以上的简单拼图游戏
	体重身高	男婴体重：8.8~13.7 千克，身高：76.9~87.7 厘米 女婴体重：8.1~13.2 千克，身高：74.9~86.5 厘米
18 个月	大动作	能够自如地向前走，甚至跑上几步 喜欢模仿大人的动作 喜欢跟着音乐跳舞
	精细动作	会脱手套、袜子 能拉开衣服的拉链 喜欢把东西集中在一起，常常是一次拿很多东西 喜欢用手抓饭吃

续表

	体重身高	男婴体重：8.9~13.9 千克，身高：77.7~88.8 厘米 女婴体重：8.2~13.5 千克，身高：75.8~87.6 厘米
19 个月	大动作	模仿能力进一步增强，不仅能模仿大人的动作，还会模仿大人的表情 走和跑变得很熟练，能跳、能熟练地蹲 会爬到椅子上去拿东西，会从地上捡东西 能熟练地使用杯子和勺 会踢球、扔球
	精细动作	能将两三块积木垒高 喜欢做"再见""拍手""欢迎"等动作 会用蜡笔画线和圆
20 个月	体重身高	男婴体重：9.1~14.2 千克，身高：78.6~89.8 厘米 女婴体重：8.4~13.7 千克，身高：76.7~88.7 厘米
	大动作	走得很顺畅平衡 能全蹲、半蹲、弯腰
	精细动作	能够把一张粘有胶水的纸贴在物体上 能搭七八块积木 会自己转动门把手，把门打开
21 个月	体重身高	男婴体重：9.2~14.5 千克，身高：79.4~90.9 厘米 女婴体重：8.6~14.0 千克，身高：77.5~89.8 厘米
	大动作	有些孩子可以把三轮车蹬起来 不但能在平地上跳，还能从台阶上往下跳 可以保持下蹲姿势 10 秒钟
	精细动作	喜欢捏橡皮泥，可以持续地捏半分钟以上 可以把硬币放进存钱罐 喜欢折纸，能用纸折出各种形状的东西 喜欢玩拼图游戏

续表

22个月	体重身高	男婴体重：9.4~14.7 千克，身高：80.2~91.9 厘米 女婴体重：8.7~14.3 千克，身高：78.4~90.8 厘米
	大动作	喜欢爬高，会借助不同高度的物体爬向高处 能够按照父母所指的方向把手中的球扔过去 能够自如地跑，能从一定高度跳下来
	精细动作	能够用玩具搭建头脑中想象的形象 开始用剪刀剪纸 能用橡皮泥捏各种不同形状的物体 能够握笔写字画画
23个月	体重身高	男婴体重：9.5~15.0 千克，身高：81.0~92.9 厘米 女婴体重：8.9~14.6 千克，身高：79.2~91.9 厘米
	大动作	走路稳、跑步快 会用双腿跳，也会向前跳，能从矮的台阶上独立跳下并能站稳 会骑小三轮车了
	精细动作	不满足于形状固定的玩具，更喜欢玩变形玩具 熟练开门关门，甚至会锁门
24个月	体重身高	男婴体重：9.7~15.3 千克，身高：81.7~93.9 厘米 女婴体重：9.0~14.8 千克，身高：80.0~92.9 厘米
	大动作	超强的模仿力 能扶着扶手上、下楼梯 走路时，两条小腿之间的缝隙变小了
	精细动作	能打开门插销 手眼协调能力增强 拿蜡笔涂鸦的姿势逐渐发展为成熟的握笔姿势

注：身高、体重数值参照《2006 年世界卫生组织（WHO）标准》

回顾与思考

1. 学步前，父母需要做哪些准备？

2. 你怎么看待学步车的作用？

3. 孩子学步过程中遇到了哪些问题？你是怎么应对的？

4. 和孩子玩一玩本章设计的亲子游戏，看看孩子是否喜欢。

第 三 章

在探索中认识世界

3

1. 在探索中"学习"，在行动中"思维"

1岁的孩子迎来了动作敏感期，直立行走使孩子的双手得到了解放，孩子灵巧的双手可以随心所欲地去够物、去取东西、去触摸他所喜爱的各种玩具。通过亲身的体验，孩子建立了对世界的丰富认知。

孩子天生就是科学家

1岁的孩子正处于通过积极探索发现新手段的阶段。他会变着花样不断重复以前的行为，例如，他把物体沿着楼梯的台阶扔下去，然后又不停变换着扔的动作。和科学家一样，他们通过改变实验条件，比如朝着不同的方向扔、用不同的动作扔、扔不同的东西，来了解扔的结果。他们甚至尝试在不同的人面前扔东西，看对方会有什么反应。如果在孩子扔东西后，父母满脸笑容，孩子会再次重复扔，这时他期待着你下一个笑脸的出现，一旦你的反应和孩子的预期相符，他便认为实验成功了。

1岁的孩子就是这样通过手脚不停地鼓捣各种东西来逐渐了解客观世界。作为父母，应当满足孩子的好奇心，鼓励他们的探索行为。你需要细心观察孩子，看看他正在做什么，究竟在想什么。千万不要轻率地制止孩子的行为，你所看到的一切，都是孩子在探索眼前这个全新的世界。

让孩子按自己的方式玩

先做再想是 1 岁孩子的典型特点，思维水平的限制使他们缺乏目的性和计划性。知道这个道理，也许你就能理解孩子的下列行为：把一团橡皮泥捏成长条，而后又搓成圆形，最后什么也没有做成，却很高兴；把积木搭起，然后推倒，又重新搭起，反反复复，却感到极大的满足。看似孩子在无目的地重复玩，其实，他在变着花样玩，这有助于孩子将来形成发散性和灵活性的思维。

当看到孩子的画画得很好，受到他人表扬时，父母会高兴；当看到孩子画画、做手工或搭积木没有成果，却把双手弄得脏兮兮时，父母则会恼火。其实，父母不应根据活动的结果去要求或评价孩子，而应更多关注孩子的活动过程。活动过程中，孩子接触了外部世界，获得了生活经验，知识丰富了，处理事情更具计划性和目的性。满足孩子的求知欲和好奇心，让孩子在活动中探索和发现问题，更有助于孩子的成长，父母要学会等待孩子的成长。

孩子玩完后，父母要给予评价，不要评价孩子玩的结果，而要评价探索的过程，如"你刚才搭积木的时候很认真""你画画时用了很多颜色，真不错"等。

为孩子的探索行为保驾护航

父母一方面要支持孩子的探索行为，另一方面要对孩子设立规则，也就是对他们的探索进行一定的限制。因为，就学步期孩子来说，他对可触摸与不可触摸的东西之间的界限是相当模糊的。有些东西是绝对不可以碰的，有些则是可以的，还有一些在大人的监督下才可以碰，孩子需要时间和良好的教导，才能分辨上述这些不同的情况。

在大多数家庭里，父母都会把诸如锋利的刀子、药品以及清洁剂等危险物品放在孩子够不着的地方。起初，父母大多都是以关上房门或设置障碍物等方法来防止孩子接触这些东西，但这种方法所

44

起的作用是有限的。

过一段时间之后，大部分父母便会认识到，与其时时刻刻保持警戒状态，还不如教给孩子"不能碰"某些东西的规则。而让孩子远离"不能碰"的东西，最简单的方法之一便是提供其他的替代品。比如在孩子的抽屉或物品柜里，不放玩具，而改放"大人的东西"，并且还要每隔一段时间更换一下这些"大人的东西"，把不吸引孩子注意的东西拿掉，换上能引起其兴趣的东西。

当然，无论父母在提供替代品或是转移孩子的探索目标方面做得多么周到，还是有必要提醒孩子"不能碰"某些东西的规则。在这种情况下，最有效的方法便是口头传达。

随着孩子语言认知水平的提高，父母可以用语言告诉孩子可以做什么，不可以做什么。父母可以用诸如"轻轻地碰""咱们一起拿"或者"要小心一点"等话语来告诉孩子该怎样做，而不是简单地说"不"或"不许动"。

2. 聪明宝宝养成记

1 岁以后，孩子在探索中认识世界和理解世界的能力飞速发展，他们开始感知到事物的异同，有了基本的空间概念和时间概念。同时，他们的无意注意、机械记忆和想象力都在提高。总体而言，孩子这个阶段的心智发展是外化的，细心的父母在生活中稍加留意就能发现。

认识世界不简单

注意到事物的异同

对 1 岁的孩子来说，那只"汪汪"叫的小狗和"喵喵"叫的小花猫看起来几乎是一样的。到 2 岁的时候，孩子就能够分辨狗和猫的差异，卡车和公共汽车的差异等。与此同时，孩子能够根据物品的用途来给物品配对，比如把茶壶和茶壶盖放在一起，把洋娃娃和项链放在一起。这些都是孩子认知能力发展的表现，说明他开始为周围世界中的不同物品分类，并根据它们的用途来理解其相互关系。

平时跟孩子说话时，说清物品的名称，把物品按类别归类。你可以帮着孩子一起根据玩具的形状、颜色、用途来归类。孩子刚开始可能无法自己来完成，但是他会理解你说的话，并学会分辨哪些是相同的，哪些是不同的。

察觉到空间关系

新生儿对空间的认识是片面的，他们没有距离感和深度概念，没有整体的感觉。随着时间的推移，1岁左右的孩子开始有了空间概念，他们会将小手放进空杯子里。到了1岁3个月左右，你会发现孩子可以叠起2~3块积木。到2岁的时候，孩子就能理解物体之间可以构成一些空间关系，他会把两块积木搭在一起，同时，能够根据形状把积木放进圆形、三角形、方形、菱形的空格中。

父母可以鼓励孩子以各种方式体验自己的身体在空间中的移动，让他明白上面、下面、中间这些表示空间方位的词的含义。给孩子提供一些容器和填塞物，他会很高兴地往容器中装填塞物，再把填塞物倒出来；或者准备2~3块木板拼图，他也会很开心地摆弄起来。

开始理解时间概念

1 岁大的孩子，对时间已经有了些许概念，虽然他还不能准确理解时间的长短，但是已经能意识到事情的先后次序。到了一岁半，"现在"成为孩子时间概念的核心，比如他看中了什么东西，一定是"现在"就要，一分钟都不能等。如果你跟他说明天要去做什么，他根本理解不了。不过 3 个月后，也就是大概 1 岁 9 个月的时候，孩子的头脑里开始萌发出"未来"这样的概念，比如你跟他说"等一等"，他会暂时停止哭闹，等一会儿。而且，他更能理解事情的先后顺序，看到你换衣服、穿鞋子，会知道你就要出门了。

观察力大爆发

1 岁的孩子喜欢观察活的、动的物体，不喜欢观察静的物体。他们喜欢观察颜色鲜艳的东西，如孔雀开屏、花园里的鲜花等，不喜欢看颜色单调的水墨画。喜欢看大而清晰的物体图像，不喜欢看小而模糊的东西。位置明显的物体容易被孩子观察，如墙上挂的、桌上摆的、床上放的、身上穿的……位置不明显的，容易被忽略。此外，物体的形状容易被注意到，其他特征容易被忽略。例如，一堆物品中，孩子容易将形状相同的物品归为一类。

给孩子足够的时间去专注观察事物，是培养孩子观察力的重要基础。因此，当孩子突然安静下来认真观察的时候，父母一定不要去打搅他，可以在旁边留意他正在观察的是什么。

散步是一种非常好的休闲活动，当散步变成亲子活动的时候，可以成为训练孩子观察力的一个有利时机。

借助绘本图书，如《孩子观察力训练》等开始"寻找"的练习。

"找一找"小游戏。把毛绒玩具（不要太小）藏到房间里某个地方，再让孩子来找。藏的地方不要太隐蔽，而是选择一些平时可能留意不到的地方，比如比孩子略高的柜子上，或一堆玩具中间，不要藏到抽屉里。这样即使孩子最终没有找到，而你指给他看的时候，他也是恍然大悟，从而对这个游戏更感兴趣。如果太难，超出他的能力范畴，也许下次他就不喜欢玩了。随着孩子年龄增大，能力增强，这个游戏的难度也可以逐渐增加，选择更小一点的玩具，藏到更隐蔽的地方，比如沙发角落，只露出玩具的一个角。随着游戏难度的提升，孩子的观察力也在逐步提升。

神奇的记忆

日渐增强的记忆力为 1 岁孩子的各项发展起到了巨大的推动作用，包括说话、模仿、假想游戏等。小家伙已经能够记忆更多的内容，记忆内容也能保存更长的时间。比如，孩子能够回忆起昨天或前天发生的事情、片段。

增添动作和表情来辅助记忆　图片和实物能够帮助孩子进行识记，但不一定方便随时使用，那么不妨试用肢体动作或一些表情帮助孩子强化记忆。比如，教孩子认小白兔，你可以教他把手指竖在头顶上模仿兔子的耳朵，让他一边做动作一边记忆"小白兔"。下次没有小白兔的图片时，你再跟他做这个动作，他就会记起这种长耳朵的动物了。

将记忆训练融合到游戏中　把孩子喜欢的玩具排成一队，举办庄严的命名仪式。开始可由父母命名，孩子复述，玩具数量可以从两三个开始逐渐增加。一段时间后，你跟孩子商量，由他给玩具命名，然后复述。在孩子眼睛里，玩具都是伙伴，拟人化地命名，他认为理所当然，因为自己有名字，伙伴怎能没名字？而且由他命名，他当然更为兴奋。哪怕他取的名字听上去含糊不清、不知所云、变化多端也没关系，主要训练他记忆自己所取的名字。

调整好孩子记忆时的情绪　一般情况下，记忆效果会受情绪的影响而出现差异。在孩子心情愉快时，记忆效果就会比较好。反之，如果孩子情绪低落、厌烦，则可能什么都记不住。所以，在游戏或练习前，最好先确认孩子吃饱睡醒、心情平静而愉快，这样才会达到事半功倍的效果。

想象力开始萌芽

1—2岁是想象力萌芽的时期。假定给孩子一个空盒子，1岁左右的孩子首先想到用嘴咬，试图通过这种方式来探究空盒子的奥秘；

他也可能将空盒子扔到地上，看盒子从空中直接冲向地面，然后在地上滚动的情景，并欣赏盒子掉落地面时发出的声音。孩子会一直尝试，一再确认他所观察到的因果关系。到一岁半时，孩子明白了盒子的用途，他可能会把一些小东西塞进盒子，当成他藏匿各种宝贝的仓库。到了 2 岁时，孩子已经具备一定的想象力，他会挖掘出盒子的一些新功能，比如拿盒子当帽子戴在头上。3 岁左右，孩子的想象力得到迅速发展，并且不再局限于具体事物，而是带有一定的情境性。

孩子想象力的发展建立在认知能力发展的基础上。所以，父母要多带孩子接触新鲜的事物，多让他们去看、去听、去模仿。当然，多陪孩子玩游戏也是培养孩子想象力的有效途径。

3. 涂鸦——想象的力量

涂鸦，对孩子来说是一种很重要的表达方式。通常，孩子在一岁半左右，就能够握笔开始乱涂乱画。这时的孩子还不能真正地绘画，他们进入的是涂鸦期，一般要持续到 4 岁左右。之后，孩子才会进入简单的表征作画期，逐渐用图画这种艺术形式来表达自己的想法。

涂鸦期，对孩子有着重要的意义。因为在这一阶段，孩子的大脑在快速发育，其外显的行为也在逐渐成熟。对于刚刚进入涂鸦期的孩子，最好不要过早地让他模仿大人的画，或是期望孩子画出"大汽车""小鸭子""大苹果"。许多父母认为"教"孩子画画很重要，总喜欢握着孩子的手在纸上作画，一边画一边告诉孩子这是什么，那是什么。这样做其实不符合孩子的心智发展特点。在这个时期，父母要做的就是引导孩子自己尽情体验，感受独立挥笔的畅快。

1—2岁孩子涂鸦的特点

孩子第一次握笔涂鸦，确切地说应该是抓笔。孩子是依靠整个

手臂的摆动来画出线条的，出现在纸上的是一些长短不一、相互掺杂在一起的乱线。手的运动的快感和笔在纸上留下痕迹使他产生了极大的满足感。你会发现孩子充满了好奇，且乐此不疲，他们会感到很好奇：自己一动，就出现"印迹"了，这正是孩子最初涂鸦的乐趣所在。

在相当长的时间里，孩子会持续探索这一神奇现象，不断尝试验证，再尝试验证。反复练习中，他们逐渐手眼协调，慢慢学会控制自己的力量，控制线条的方向直至后来的粗细浓淡，发展自己独特的审美和观察视角。

当孩子的涂鸦由最初的杂乱线条过渡到规律地画横线、竖线乃至完整封闭的圆圈时，说明他已经有了很大的进展。这个时候，你可以在孩子画画时跟他讲解，如画直线时可以说"一根面条，两根面条"等，画曲线时可以提示"这是毛线团"，画圆圈时可以提示"这么多气球呀"……（以孩子的生活经验为主）研究结果表明，这种适当的提示，有助于孩子想象力的发展。

你可以用游戏的形式教孩子画点、线和圆圈。例如：下雨了，让孩子画线条；绕毛线球时，教孩子顺着一个方向画螺旋线，锻炼孩子的手腕灵活性。在孩子掌握了点、线、圆圈的画法之后，应启发孩子观察简单的物体，直到孩子画出象征性的图形。

为孩子涂鸦提供条件

为孩子准备油画棒，而不是大孩子常用的彩笔，颜色上可以选择鲜艳且深的颜色，如红色、绿色和蓝色。第一次可以只提供一支笔，最多两支。为孩子提供尽量大一些的白纸，以后可以逐渐变小。还可以为孩子提供白纸黑笔，或白笔黑纸，让他们认识到黑色和白色也是色彩。

这个阶段，孩子画画的欲望十分强烈，如果不及时为他提供适当的条件，他会在墙上、窗上、床单上乱画。为了防止孩子把家里的任何地方都当成画板，要为孩子涂鸦做好充分的准备。因此，当父母发现孩子拿笔想画时，就要为他准备好笔和纸，让他随心所欲地画。如果有条件，可准备一面让孩子涂鸦的黑板墙，以满足孩子涂鸦的兴趣。

回顾与思考

1. 仔细观察你的孩子，他有哪些探索行为？

2. 在孩子探索的过程中，如何保证他的安全？

3. 1 岁以后，你的孩子在心智能力（如感知觉、注意、记忆等）方面有哪些明显的进步？

4. 你的孩子喜欢涂鸦吗？你为孩子涂鸦准备了怎样的环境？

4

第 四 章

发现语言的力量

1. 1—2岁孩子的语言发展规律

孩子会说话，就跟直立行走一样，具有"划时代"的意义。语言为孩子打开了认识世界的一扇大门。一般来说，孩子 1 岁大时开始有意义地说话，由此迎来了语言发展的第一个敏感期。

印度女孩卡玛拉在七八岁时被发现和狼群生活在一起，所有生活习性和行为都和狼一样。后来她被带回人类社会，经过悉心照料和教育，卡玛拉开始学习人类的语言和行为。可是直到 17 岁她死的时候都没有真正学会说话，智力也只达到三四岁孩童的水平。

人类的语言是后天习得的，错过关键期就很难再学会。1—2 岁是孩子语言发展的第一个敏感期，也是孩子的语言储备阶段。错过这个关键期，孩子的语言发展水平将大受影响。

单词句时代——13~15个月的语言发展

这时孩子还只能说出一个一个的单词，而且词汇量不丰富，大概有十个单词。他会用一个单词表达多种意思，同一个单词在不同的场合可以代表几种不同的意思，如"水"，也许是"要喝水"，也许是"给我一点水"。

单词句阶段，孩子实际上并没有关于句子结构、语义等方面的知识，只是用单词对情境做笼统的表述。这些单词句往往语义不明、语音不清，成人要根据非语言情境和语调的线索才能推断出到底是什么意思。此外，孩子用单词表达某个意思时常伴随着动作或表情，如要妈妈抱时，在说出"抱抱"的同时，会向妈妈的方向伸出双臂，身体前倾。这也可以帮助成人更好地理解他的语言。

海绵式吸收——16~18个月的语言发展

孩子会对日常生活中一些常见的事物进行命名，如把拨浪鼓叫作"咚咚"，把猫叫作"喵喵"等。但在命名或使用新词时会出现一种"泛化"现象。比如，会把所有的四条腿动物都叫作"狗狗"，把所有的圆形物体都叫作"球"。这表明孩子的语言已经发展到了一个新的阶段。

16~18个月的孩子能够听懂日常生活中简单的话。对于有方向性的命令式语言，不用借助任何手势或面部表情就可以完全理解了。如9个月时对孩子说"宝宝，过来"，必须伸出双手迎接他，孩子对这句话的理解更多的是借助父母"双手迎接"的动作。而现在只要说出这句话就行了，不用借助动作或面部表情，因为孩子已经能理解父母简单的指令式语言了。

火山式爆发——19~21个月的语言发展

孩子 18 个月时，经常挂在嘴边的单词只有 20 个左右，而到 21 个月时，他可以说出 100 多个单词。为什么会有这么大的差别呢？因为在本阶段里发生了一次"词语爆炸"现象。

这一阶段孩子开始不断地向父母提问，总是要家人告诉他各种事物的名称，问"这是什么""那叫什么"等问题，这实质上是他在学习语言，这个时期是孩子掌握词语的第一个关键期！除了名词以外，孩子还可以听懂很多描述事物特征的形容词，如"热""漂亮""脏"等；孩子也能理解一些描述方位的词语，如"在里面""在外面"等；那些描述日常生活基本动作的词语，孩子也能理解了，比如"坐""看""吃""睡""打开""关上""拿""走"等。

18个月以后,孩子能够使用词组,说2~3个字组成的句子,逐渐出现了双词或三个词组合的语句。如"妈妈鞋""走,再见""大狗狗""苹果,削"等。较单词句表达的意思更明确,但是其形式是断续、简略的,结构不完整,好像成人的电报式文件,故称为电报句。

这个时期孩子还有一个重大的进步:开始学会使用否定和疑问的表达方式。他开始用"不睡""不,奶奶"等语句来拒绝,也会用"哪儿""什么"来问一些问题。

能说又会道——22~24个月的语言发展

这一阶段,孩子经常模仿成人谈话时的一些语法规则,将这些规则不加区别地运用到许多场合,所以有时他的运用可能是错误的。而他也会根据成人的语言不断地"修改"自己的语言,直到正确。另外,这一阶段孩子能够理解大约300个单词,还能听懂并正确回答"这是什么"和"在哪儿"等问题。

这个时期,孩子开始说结构完整的简单句,如"姐姐看书"等。孩子已能清楚地理解所有的东西都有名称,而且想去知道这些名称,在这种情况下词汇自然就会增加了。从20个月开始,孩子每个月所能说出的新的双词句以成倍的速度增长。21、22、23个月时,所能说出的双词句分别约为50、100和250句,而24个月时则可猛增到1000多句。

2. 给孩子语言敏感期的帮助

大自然赋予了孩子这种能力，从观看爸爸妈妈说话的口型直到突然开口说话，这个过程就是语言敏感期积攒的力量。

有些孩子说话晚，如果不是病症，那么就有可能是环境的影响所致。不管他会不会说话，父母都要不断给他注入"养分"，多和他说话、讲故事，当他需要表达自我感受时，自然就开口说话了。同时，良好的语言教育会使孩子的表达能力增强，学会与人交往。

认真说话，少使用婴儿语言

刚学说话的孩子很多发音不准确，且喜欢用叠字，比如"饭饭""车车"，听上去超级可爱，所以很多父母喜欢学孩子讲话，认为用孩子的语言跟他交流他才能听得懂，其实这种观点是不正确的。长期使用"儿语"与孩子交流，会让孩子以为这种表达就是对的，不利于他学习正确规范的语言。

对 1—2 岁的孩子来说，他的理解能力远远超过表达能力。父母完全可以用正常的语言跟孩子交流，只需注意选用一些较为简单的句式和词汇即可。父母使用正确规范的语言对孩子是一种示范，可以帮助孩子较快完成从"儿语"到标准语言的过渡。

多跟孩子交谈

研究表明，婴幼儿所掌握的新单词中，约有三分之二是通过日常父母与之有意无意的交谈而获得的。喜欢并且善于与孩子交谈的父母，其孩子的语言能力要明显高于那些少言寡语的父母所带的孩子。

随时随地说

孩子渴望了解和学习周围的一切。和孩子在一起时，父母可以告诉他正在做的事情，如妈妈在打扫地板，爸爸在看报纸，宝宝在玩球等。每当孩子接触新事物、体验新情感时，父母可教他说有关的词语，跟他谈谈他看到、听到和做着的事情。

耐心倾听，积极回应

刚开始孩子说的话可能大部分是"&%……要 *%*@ 哇"，你很难明白他在说什么。即便这样，也请一定耐心听孩子把话说完，不要打断孩子，并根据当时的情境去猜测孩子说的是什么。表现出你对孩子说话的兴趣，积极回应，会让孩子更有自信，更乐于表达。

小贴士　　家长的积极回应能促进孩子语言发展

20 世纪 80 年代，美国做过一个关于不同阶层家庭的 3 岁孩子词汇量的调查。结果发现：中上层家庭的孩子和底层家庭的孩子，在 3 岁时词汇量相差一半——中上层家庭的孩子 3 岁时的词汇量是 1100 个左右，底层家庭的孩子 3 岁时词汇量是 500 个左右。进一步研究发现，孩子词汇量的差别与家长对孩子说的词汇量无关，差别在于如何回应孩子的话。正是这一点，导致了孩子词汇量的差别——低回应家长孩子的词汇量只有高回应家长孩子词汇量的一半。

多给孩子讲故事、读诗、念童谣

除了日常交流，父母还可经常给孩子讲故事、读诗、念童谣，为孩子创造一个丰富的语言环境。

值得一提的是，现在很多父母将"讲故事"的任务交给电子产品，甚至认为电子产品不仅能够发声还有图像，孩子更喜欢。其实不然，孩子学语言不仅需要获得语音的输入，更重要的是，需要互动和交流。你会发现，如果让孩子在听故事音频和听父母讲故事两者当中选择，孩子定会选择后者。听爸爸妈妈讲故事，孩子可以随时提问，可以和父母进行有表情、动作的互动，在这种互动式的听读中，孩子对新词汇、新句子的学习会更加到位。

小贴士　老人带孩子说方言，会影响孩子的说话能力吗？

对现如今的三代同堂家庭来说，祖父母、外祖父母帮忙带孩子是再常见不过的情形。可是很多祖辈只会说方言，有些父母就开始担心了：一会儿给孩子讲普通话，一会儿跟他讲方言，会不会把孩子搞晕了？

以前的观点是：多语言环境会让孩子感到困惑，更容易混淆，会增加语言学习的困难，导致宝宝说话晚。但近十几年的研究发现，双语（多语）学习并不会影响孩子语言发展的速度。不同的孩子语言发展的速度是存在差异的，但是并不会因为多学了一种语言就导致语言发展减缓或滞后，甚至有些研究还发现，两种语言共同学习还能起到一定的相互促进作用。

所以，老人带孩子时用方言跟孩子互动，或者教孩子说方言，并不会影响孩子的语言发展。我们不妨想想自己，小时候跟家里人说方言，跟学校的老师讲普通话，现在也能在方言和普通话之间无障碍切换，真的不用担心啦。

3. 促进孩子语言发展的小游戏

对父母而言，除了多跟孩子交流，给孩子创造丰富的语言环境，还可以陪孩子玩一些有趣的小游戏，在游戏中，进一步激发孩子语言发展的潜能。

发声游戏

孩子喜欢听各种不同的声音，父母可以和孩子玩各种发声游戏。比如，当和孩子面对面时，可以发出以下几种声音鼓励孩子模仿：

（1）嘴唇拱成圆形并往外吹气，发出"shi"音，这样可以让孩子及早练习普通话中最难发的卷舌音。

（2）依次发韵母音，每次发一个，"a、o、e、i、u"，等等。每次发音可以适当地变换音调和节奏，就像歌唱家练声一样。

（3）把两个韵母音连在一起发，每次发两个，如"u-o、a-o、o-u、i-e、i-a"等等。如果父母会唱歌，可以把这些音当歌一样唱出来，每首"歌"里不要有太多的音，一两个就行，但调子要固定，以便让孩子学习模仿。

手指游戏

手指游戏不但能增进亲子之间的感情，而且能给孩子提供练习手部动作和说新词语的机会。你可以和孩子相对而坐，然后边念儿歌边和孩子一起做动作。如：鸡斗斗，鸡斗斗（将孩子的两个食指相碰），嘟——一只飞走啦（右手向右上方画弧线后放下），嘟——又一只飞走了（左手向左上方画弧线后放下）。做完这些，孩子会咯咯咯地笑起来。你会发现，孩子特别想模仿你，虽然他的发音可能不那么清楚，动作也不能独立完成，但是随着游戏次数的增多，孩子的发音会越来越清楚，动作也会越来越熟练。

小贴士　适合 1—2 岁孩子的手指谣

（1）小宝宝

大拇哥，二拇弟，中鼓楼，四兄弟（唱大戏），

小妞妞（抓住孩子的小手，边点着她的手指头边说），

爬呀爬呀爬上山（食指从胳膊一步步点到肩膀），

耳朵听听（捏捏耳朵），

眼睛看看（点点眼睛），

鼻子闻闻（点点鼻子），

嘴巴尝尝（点点嘴巴），

咯吱一下（停顿，突然把手伸到孩子脖颈处，咯吱一下，以后每次孩子都会惊喜地等着这一时刻）。

（2）黄老先生有块地

黄老先生有块地，咿呀咿呀哟。

他在田边养小鸡（两手拇指食指相对，其他手指握拳，上下做啄状），咿呀咿呀哟。

唧唧唧，唧唧唧，唧唧唧唧唧唧唧。

黄老先生有块地，咿呀咿呀哟。

他在田边养小鸭（右手手心盖上左手手背，上下扇），咿呀咿呀哟。

嘎嘎嘎，嘎嘎嘎，嘎嘎嘎嘎嘎嘎。

黄老先生有块地，咿呀咿呀哟。

他在田边养小羊（两手放头顶，伸出拇指食指，其他手指握拳），咿呀咿呀哟。

咩咩咩，咩咩咩，咩咩咩咩咩咩咩。

黄老先生有块地，咿呀咿呀哟。

他在田边养小狗（拇指顶住太阳穴，其余四指做扇状上下扇），咿呀咿呀哟。

汪汪汪，汪汪汪，汪汪汪汪汪汪汪。

猜猜看

把孩子平时爱玩的玩具都收起来，放进一个不透明的口袋里。然后跟孩子面对面地坐着，指着口袋问他："宝宝猜猜看，里面是什么？"孩子会看看你，又看看口袋。当他从里面拿出一样玩具时，你就把口袋合上并告诉他拿的是什么玩具，如"啊！积木！宝宝拿

的是积木"等诸如此类的话。如此反复几遍以后，你可以指着地板上孩子拿出的玩具问："这是什么呀？那是什么呀？"如果过了一会儿他还不回答，就告诉孩子："这是小汽车，宝宝的小汽车！"

打电话

孩子对打电话深感好奇，对电话里传出的声音尤感惊奇。如果家里人或熟人来电话且没什么急事的话，就可以把孩子叫过来，让他跟对方说话。对方在电话那端会不断地向孩子发问，你会发现孩子非常想回答、想说话，但最后却只能够嗯嗯哼哼地"回答"对方的问题。这很正常！他只是不习惯于"跟电话说话"而已。

有了以上经验后，父母可以用玩具电话在家跟孩子练习"打电话"。跟孩子"打电话"时，一定要用简单明了的语言并结合孩子熟悉的事情来说，而且一定要耐心听完孩子的讲话，鼓励孩子多说。

这个游戏能够有效地促进孩子语言交流能力的发展。它是孩子非常喜欢的一种游戏。

小贴士 1—2 岁孩子语言发展参照表

13 至 15 个 月	努力模仿成人的动作和语言（主要是语音和新词） 能够听懂 10 个左右常用物品的名称和一些他比较熟悉的简短的句子 能根据成人的要求分别指出自己的鼻子、眼睛、嘴等 会按成人的要求指出生活中比较熟悉的人和物 会摇头表示不同意或拒绝 会说一些成人不大容易听懂的"小儿语" 能说 10~20 个字，说出的这些字均有含义，包括称呼兄弟姐妹、亲戚朋友和各种动作等，但发音不一定清楚 把图画书或卡片给孩子，让孩子指出一张画，如狗、鞋子、帽子等，孩子能按照要求用手指对相应的图画

16 至 18 个 月	可以理解简短的语句 能够理解并执行成人的简单命令，如"把杯子给我" 能够理解的词语比他能说出的多得多 能够听懂并指出自己身体的各部分 经常挂在嘴边的单词有 20 个左右 喜欢翻弄带图的书并指指点点 会说"不"以表示不同意或拒绝 会跟人打招呼（"你好！"）和道别（"再见！"） 会对他看到的物体进行命名，命名时常有泛化现象，如用狗来称呼看到的老虎、狼等四条腿的动物 能说 20~30 个字，说出的字均有含义，包括称呼兄弟姐妹、亲戚朋友，但发音不一定清楚 能将 2~3 个字组合起来，形成有一定意义的句子，如"爸爸抱""宝宝吃""妈妈再见"等 会用小名称呼伙伴 能用语言表达自己的需要，常伴有手势
18 至 21 个 月	日常说话已能用 100 多个词语 能说出由两个单词组成的句子，即双词句 能执行有两个动作要求的命令，如"去捡球"和"把球给爸爸" 喜欢听成人反复讲同一个故事 能够理解一些描述性形容词以及日常生活常用的动词（10 个左右） 说到自己时总是用名字代替 喜欢给周围的事物"命名"，总爱问家长"那是什么" 试着模仿成人的语言，但往往只能重复成人话语的最后一两个单词 能说出常见的人称（姐姐、阿姨等）、日用品（帽子、裤子等）、动物（猫、狗等）和常见的人体部位（如头、嘴、耳朵、鼻子等）、房屋（门、大楼等）、食品（鸡蛋、面包等）和交通工具（飞机、汽车等），5 种以上的玩具（娃娃、球等）和自然景观（花、树等）

22 至 24 个 月	理解并能正确回答"××在哪儿"和"那是什么"等问题 能理解 300 个左右的单词，发音比较清楚，但还不够准确 "小儿语"逐渐消失 能够正确回答出自己的名字 说话像打电报一样，主要是双词句，可以模仿着说出三词句 与人交往主要依靠语言而不是动作或手势 能理解各种表示方位的介词，如"在……下面"等 会用代词"我"表示自己 能正确使用代词"你"，而不再用妈妈、爸爸等 会说儿歌，但不能完整地念，多数能说出儿歌开始和结尾的几个字

回顾与思考

　　1. 回顾一下孩子的语言发展历程，有哪些让你惊喜的瞬间？

　　2. 你平时关注对孩子的语言能力的培养吗？你是怎么做的？

　　3. 家里老人带孩子时讲方言，你觉得这会影响孩子的语言发展吗？

5

第 五 章

从认识自我到
最初的人际交往

1. 认识自己不简单

8个月的花花爬着路过挂在父母卧室门上的一面全身镜。在移动的时候，她很少注意自己在镜中的影像。而当她那快要2岁的表姐麦子经过镜子的时候，麦子会凝视着镜子中的自己。当注意到自己的前额上沾了一些饼干碎屑之后，麦子开心地笑了起来，然后伸手把它擦掉。

自我意识不是与生俱来的，而是在个体与环境的相互作用中逐渐形成的。刚出生的小婴儿还不能意识到自己身体的存在，常常会把自己的小手或者小脚当成玩具玩；到两三个月时，婴儿开始对镜子中的自己好奇，想要伸手摸一摸；1岁左右，孩子知道镜子里的人就是自己，并且知道自己动，镜子里的人也会动。

小贴士

自我意识是对自己身心活动的觉察，即自己对自己的认识，具体包括认识自己的生理状况（如身高、体重、体态等）、心理特征（如兴趣、能力、气质、性格等）以及自己与他人的关系（如自己与周围人相处的关系，自己在集体中的位置与作用等）。自我意识的发展是个性发展的基础，是孩子能否积极看待自己、积极与人交往的基础。

认识身体，感受身体的力量

发展自我认知要从认识自己开始，认识自己首先从认识自己的身体开始。孩子 1 岁左右，对自己的身体有了强烈的自我意识，父母借此机会可以告诉孩子身体各个部位的名称，让孩子不断地练习说和认："这是宝宝的手，这是宝宝的小脚，这是……"

随着孩子的四肢以及身体力量的进一步增长，尤其是双手双脚力量的增长以及灵活性的增强，他们开始尝试通过双手拿取东西或者用双脚去踩踏东西。孩子初步意识到了自己的力量和存在感，从多方面感受到自己行为带来的结果，在感受自我的同时，萌生了自我意识。

从镜子、照片和录像中反观自我

1 岁左右的孩子开始喜欢照镜子，一开始他不能理解自己和镜中人的关系，会把镜子中的自己当成别人，表现出疑惑和好奇；慢慢地他就会明白自己就是镜子中的人，自己一动，镜子里的人也会动。父母可以和孩子一起在镜子面前做一些动作，让孩子观察镜中人与镜前人的关系，帮助他进一步形成最初的自我概念。

在日常生活中，父母可以多给孩子拍一些照片或者视频录像，记录孩子的成长。然后与孩子一起观看，让他们知道自己是不断成长、不断变化的。

开始"察言观色"

情绪、情感的日渐丰富是孩子自我意识发展的表现之一。1岁多的孩子已经有了丰富的情绪、情感，他们能用表情、动作甚至语言来表达自己的情绪，如他们会用微笑表达喜爱，用大笑表示高兴，用哭泣表示难过、恐惧和拒绝。除此以外，1岁以后的孩子还会萌生害羞、嫉妒、焦虑等复杂情绪，他们甚至开始"察言观色"，通过他人的反应来判断自己行为的对错。比如孩子将自己手中的糖果递给父母吃，父母很开心，会夸奖孩子，孩子就会认为这种行为是被父母赞许的行为，下次还会这么做。

父母要帮助孩子认识自己的情绪、情感，促进孩子自知能力的发展。父母平时可以有意识地引导孩子注意自己的情绪，如把孩子抱到镜子前让孩子看看自己开心或生气的样子，也可以让孩子通过看照片来学会辨别各种情绪。父母还可以通过绘本，如《菲菲生气了——非常、非常的生气》《我的感觉》系列绘本等，来帮助孩子进一步理解情绪。

2. 寻求独立的"我"

走向独立是 1 岁孩子追寻的目标，也是人一生的追求。随着 1 岁孩子自我概念的建立，他们的自主意识也不断强化，不再唯大人是从。特别是学会走路以后，孩子眼前的世界突然变得广阔起来，兴趣急剧增多。他们开始积极地探索这个世界，在探索中进一步发现了自我的力量。

"不"——争取早期独立的口号

一岁半左右，孩子喜欢说"不"。"不"是孩子争取独立的早期用语。当理解"不"这个字后，孩子发现自己能稍微控制一些事情。如果父母问："你想吃饭吗？"这时，一个饿着肚子的孩子也许会回答"不"，这是孩子争取独立欲望的一种表现。当事情确实无选择余地时，父母应简洁直接地对孩子说一句"现在该吃午饭了"比起"你的肚子饿了吗？我们来吃饭好不好？"所引起的冲突会少得多。

父母对 1 岁孩子争取独立的要求，有各种难以言表的情感。一方面为孩子的成长感到宽慰，但与一个一直说"不"、处处与你作对

的孩子在一起也会令人沮丧、疲惫。

当孩子说了"不"却又不能如愿以偿时，或许就要发脾气了。此时，父母必须冷静、客观，防止心中的怒气愈演愈烈，最好的方法是尽可能平静地、温和地重申自己的决定。另外，父母不妨在离孩子稍远点的地方做事，直到孩子的吵闹声平息下去。

这是我的——物权意识的出现

莉莉是个 1 岁 10 个月的小女孩，爸爸妈妈发现她最近变得有些"自私"，把自己的东西看得很重要。这一天，妈妈的同事带着自己的 1 岁孩子乐乐来家里玩。妈妈事先跟莉莉说："宝宝，等会儿有一个小弟弟来我们家玩，你有这么多好玩的玩具，到时候我们和弟弟一起玩好吗？""好的。"莉莉答应得很爽快。客人来了之后，妈妈跟莉莉说："莉莉，这个玩具我们给弟弟玩，好吗？"莉莉突然变得很生气，大声说："不，这是我的。""乖宝宝，先给弟弟玩一下，等会儿还给你。""不要！这是我的！"莉莉怎么也不答应，妈妈在一边甚是尴尬。

孩子到了 1 岁 9 个月左右，你会发现他的口头禅从"不"变成了"这是我的"。这种转变是孩子自我意识表现方式的变化，他们不仅能将自己和客体区分开来，对物品的归属也有了概念。当孩子认定某件物品是自己的，其他人很难从他那里拿走。

用"自私"来形容孩子此时的行为是不妥的，这其实是孩子发展的正常表现。作为父母，如果充分理解孩子自我意识的发展过程，就不会强求这个年龄段的孩子去分享。

我自己来——在行动中证明自己

亮亮快 2 岁了，妈妈专门给他准备了儿童餐椅和餐具。亮亮对自己吃饭这件事情一点也不抗拒，相反，他很开心能自己摆弄那些食物。不过，让妈妈烦恼的是，每次饭后都要收拾"残局"，亮亮的身上、衣服上都沾上了不少饭菜，餐桌、地上也是一片狼藉……

前面的章节我们也介绍过，1 岁以后，孩子开始想要挣脱父母的束缚，很多事情都想按自己的想法去做。例如，吃饭时想自己用勺子、想自己往杯子里倒水。虽然孩子的动作发展还不能支持他完成很多复杂的任务，很多时候甚至会给父母带来更多麻烦，但作为父母，还是要尽量支持孩子，要敢于放手让孩子去尝试。

小贴士　宽容孩子的"破坏"行为

1—2 岁正是一个跌跌撞撞、动作笨拙的年龄，孩子碰撞、打碎东西不是故意的，而只是其尚未发育成熟的缘故，父母应该理解。同样，1 岁孩子也未成熟到能理解自己行为的后果的程度。如果孩子因为动作笨拙而碰撞、打碎东西时，父母千万不要惩罚、责骂他们。否则，将影响他们积极的自我概念的形成，给他们幼小的心灵蒙上一层阴影。

3 最初的同伴交往

妈妈带着 16 个月大的牛牛去广场玩，比牛牛大两个月的乐乐也在。妈妈就对牛牛说："牛牛，把你的玩具拿过去跟姐姐一起玩，好不好？"牛牛不说话，朝乐乐看了一眼。乐乐看到牛牛手中的玩具，过来一把就抢走了，牛牛一下就哭出来了。

从 1 岁开始，孩子逐渐萌发出社会交往的意识，但是"朋友"的概念离 1 岁孩子还比较遥远，他们的社交对象主要还是集中在父母或者主要照料者的身上。尽管如此，1 岁以后的孩子还是会关注同伴，并且喜欢观察和模仿同伴的行为。

1 岁以后的孩子和同伴一起玩耍，表现出来的行为和态度可能并不友好，争抢玩具的行为时有发生，父母需要做的就是理解这个年龄段孩子的交往特点，在此基础上为孩子的同伴交往创造条件，鼓励支持。

理解1—2岁孩子的交往行为

随着身体运动能力和语言表达能力的发展，1—1.5岁孩子的社会性交往变得越来越复杂，交往的回合也越来越长。这时候孩子之间的简单交往最突出的特征是出现应答性的社交行为，即一个孩子对另一个孩子露出的微笑，发出的语言或非语言的声音，做出的抚摸、轻拍或递给玩具的动作，能引起对方的反应。比如，对方会报以微笑，发出声音，注视他的行动，等等。从此，孩子之间最初的直接接触和互动开始发生。孩子在这个年龄段的同伴交往，有以下特征：

——能主动招呼他人，对亲人有十分明显的依恋行为。

——交往受情绪控制，高兴时乐于与人交往，生气时则拒绝游戏。

——开始彼此模仿。例如14个月大相互熟悉的孩子有时会复制彼此的行为。

——仍需借助玩具或其他媒介发起交往活动。

——喜欢与同伴接近，孩子之间容易互相吸引，常常由于探索而引起摩擦。例如看到同伴的玩具很有趣，也会伸手去摸摸或拿来玩玩。若同伴不肯，就用推、打、咬等方法去夺取，因而常常引起摩擦、冲突。

一岁半以后，由于孩子语言表达能力快速发展，行走自由，能接触更多的新事物，进而激起对新事物的好奇和兴趣。孩子之间，越来越多地出现模仿性或互补性交往行为。这个年龄段孩子的同伴交往的特点是：虽然同在一起玩，但互不干扰各玩各的，熟悉以后，

会相互观察，互相模仿。比如相互模仿对方的动作，当一个孩子站到墙角，另一个孩子也跟着挤过去；一个孩子钻到桌子下面坐着，另一个也跟着跑去坐着。这个阶段，同伴交往持续的时间越来越长。

影响孩子早期交往的因素

影响孩子早期交往的因素是多种多样的，其中起主要作用的有亲子关系、孩子的气质特征等。

亲子依恋关系

1岁是孩子建立安全型依恋的关键期。稳固亲子尤其是母子之间的信赖感，是教养1岁孩子的先决条件。1岁以后，建立了安全型依恋的孩子的社会性特征会逐渐显示出来：喜欢社交、好奇心强、自主探索、自尊自信等。在同伴游戏中，他们往往像个小大人、小领导，关注其他小朋友的需求，并且易受到同伴的欢迎；成年以后的他们，也更有能力应对压力、调节情绪，可谓心理健康而强大的正能量传播者。相反，没有建立安全型依恋关系的孩子在成长中可能出现更多的心理困难，如逐渐表现出社会和情绪上的退缩，依赖性强，不愿参加多人游戏，缺乏好奇心，学习兴趣不强，也不会为一个目标而努力。

小贴士　依恋类型

类型	孩子的主要表现
安全型依恋	妈妈在场时，主动去探究；妈妈离开，产生分离焦虑，探究活动明显减少。难过时容易被安慰，尤其是妈妈的安慰很管用。妈妈返回时，积极表达依恋并主动寻求安慰，通过与妈妈的接触很快能平静下来
回避型依恋	妈妈是否在场对其探究行为没有影响，妈妈离开不会有明显的分离焦虑，妈妈返回也不主动寻求接触。回避妈妈的主动接近行为，妈妈的安慰和陌生人的安慰效果差不多
矛盾型依恋	妈妈离开时会表现得非常苦恼、极度反抗，任何一次短暂的分离都会引起大喊大叫。妈妈回来时，对妈妈的态度又很矛盾，心里既想与妈妈接触，又有些反抗。如果妈妈想抱他，他会生气地拒绝、推开
混乱型依恋	妈妈回来时，有点无所适从。妈妈拥抱他时，表情会比较茫然，情绪会稍显忧伤，会躲开妈妈的目光。一些孩子在得到妈妈的安抚后会大哭，或者表现出一些奇怪的、冷漠的姿势

孩子的气质特征

孩子的气质特征与遗传有一定关系，且相对稳定，每个孩子从婴儿期起就有自己的气质表现：有的爱哭、好动、不认生，有的则比较温顺、安静、害羞、怕生人。父母要通过学习去发现孩子的气质是怎么样的，他在哪方面更有天分，又在哪方面容易出现问题。有天分的方面就要多鼓励孩子，给孩子机会，让他可以充分发展，而在容易出现问题的方面，则要及早引导。

重视孩子的同伴交往

1—2 岁孩子逐渐了解自己、认识自己，并且产生和同伴交往的兴趣。在同伴交往中，孩子得到充分的成长。因此，父母要积极鼓励和支持孩子的同伴交往行为。

促进孩子社交技能及策略的发展

大量研究表明，孩子在与同伴的交往过程中，逐步学习社交技能，不断学习并调整自己的社交行为，逐步发展、丰富自己的社交策略，从而使相互间的同伴交往无论在数量上还是在质量上都取得迅速的发展。

促进孩子社交行为向友好、积极的方向发展

许多研究发现，孩子与同伴交往有助于促使他产生更多积极、友好的社会行为，减少其消极、不友好的行为。在交往中，孩子总是通过同伴的反馈来调整自己的社交行为。

促进孩子情绪情感的发展

孩子在同伴交往中情绪更积极、活泼、愉悦，他们的积极言语、表情、动作，显然都在与同伴交往的情境中明显增多。同时，孩子可以在同伴游戏中宣泄并调节不良情绪，在摔痛或需要玩具和帮助时得到同伴的关切、抚慰、帮助，从而平衡自我的心理状态。

促进孩子认知能力的发展

孩子通过与他人的共处学会了新的行为、技巧和能力。孩子间的互动所提供的不仅是社交上的获益，它们可能对孩子们将来的认知发展也有影响。比如孩子间的互相模仿行为，能够成为强有力的教学工具，能扩展孩子对事物的认知，满足孩子探索内驱力。

社会交往能力培养有妙招

很多孩子在熟悉的环境中非常活跃，但在陌生环境中则会显得拘谨甚至胆怯。这是因为孩子对外部环境缺乏足够的认知和心理准备，缺乏对环境的适应能力和早期的社交能力。

生活中多与人交往

父母应尽可能地多为孩子创造与他人接触的机会，如多带孩子走访亲戚、逛商店、去儿童乐园等，让其尽可能多实践，但在做这些的时候也应注意以下几点：

日常引导孩子关注、观察别人，使他们产生一些交往的行为，表达对对方的友善态度。比如，"你看她在干什么？""她掉了块积木，你帮她捡起来，好不好？"

孩子和小伙伴一起玩耍时，父母要尽量陪伴在旁。在孩子玩腻了自己的玩具想要换花样时，父母要及时用语言引导孩子弄明白自己想要什么，应该怎样正确和小朋友协商，并具体示范给孩子看。比如，微笑着对别的孩子说："我和你换个球玩玩好吗？"如果对方不同意，可换个小朋友商量，让孩子模仿。

如果孩子的东西总被别人抢走，不能因怕吃亏而不让孩子出去玩，也不能只是简单地教孩子抢回来，更不能自己冲上去抢回来。可以给孩子示范一些应付别人争抢的办法，比如，用语言表示自己的意愿："对不起，我还要玩，等一下再给你玩。"或者干脆同意，大方地说："好的，我跟你换着玩。"或者由父母发起，制定一个一起玩的规则，比如你玩一会，我玩一会，轮流玩。

学习与人交往的基本礼仪

一个懂礼貌的人在人际交往中会比较顺利，并且受到欢迎。对孩子来说同样如此，懂礼貌能使他们更招人喜欢。但是父母要正确认识礼貌教育，对孩子的礼貌教育不仅仅是几句礼貌用语，而是要让孩子真心喜欢、关心周围的人，做一个善良真诚的人。

父母要让孩子学会一般礼貌用语，更要让孩子了解人们使用礼貌用语的目的。比如，人们见面要说"你好！"是为了询问对方过得好不好，也是对对方良好的希望和祝愿。听到问候的话，对方会表示感谢，也真心地发出问候。大家都很热情礼貌，就会有一个良好的交往氛围。

对有些骂人的粗话，孩子本不懂得其意思，他听到别人大声喊叫之后，觉得好玩，就学着说出来。父母听到之后应及时摇头，明确地表示出不喜欢孩子的这种举动，告诉孩子那是不礼貌的行为，会让人觉得你对人家很不友好，好孩子不要去学这样的话。父母的态度要坚决，但是不要做出过于强烈的反应，以免使孩子感觉到这句话很容易引起父母的注意，然后由于好奇，反而加深了印象。

让孩子自己解决冲突

在人际交往中，冲突是难免的，而冲突可以培养孩子解决问题的能力，提高交往技巧。

有些父母一看到几个孩了起了冲突，就会立即冲上去，或斥责自己的孩子，或指责别人的孩子，最后导致游戏只能不欢而散。这样对孩子的人际交往能力的提高不仅没有促进作用，甚至还会误导孩子，让他们以后也粗暴地对待冲突。

建议父母看到孩子们起冲突时，先不要参与，静静地观看孩子是怎样以自己的方式解决的，如果解决得好，父母可以鼓励表扬，如果解决得不好，父母再去帮忙也不迟。父母要相信孩子，他们有自己的处事方式。

用积极的方式鼓励孩子交往

当孩子由于害羞不敢参与其他孩子的游戏时，父母可直接参与到孩子们的游戏中去，然后不时地给自己孩子一个鼓励的眼神，或是夸张的表情，用行动和参与的快乐告诉孩子游戏很有意思。如果孩子还是不愿意参与，只在一旁观看，也不要抱怨。可以让孩子当观众加油，或是"后勤队长"，让他帮忙拿衣服或其他东西，让他时刻感觉自己也是集体的一分子。

当父母忙着做家务或自己工作的时候，不要冷落孩子。给孩子一个"工具"，让他和父母一起完成，让他感到自己是家庭的一员。

总之，孩子的交往能力是被激发和鼓励出来的，不是抱怨出来的。父母可以通过各种方式让孩子感到他是家庭或集体的一部分。

分享物品不强求

细心的父母会注意到，孩子经常会因为被要求去分享玩具、食物或游戏材料而与其他孩子发生冲突。其实，不是现在的孩子"自私"，而是这个年龄段的孩子都有这样的心理特点、行为特点。

对 1 岁多的孩子来说，分享是很难做到的。父母要尊重孩子，不能认为这是道德问题，用"自私""小气"这样的字眼来教训孩子。随着孩子的成长和与外界交流的增强，他会变得"大方"起来。

引导孩子关心和理解人

1岁的孩子是以自我为中心的，虽然他们已经能够把他人同自己区别开来，但还不明白别人会有不同于自己的观点和感情，更不会设身处地替别人着想。他们认为自己怎么想别人也会怎么想，自然而然地把自己的感受强加到别人的头上，并且深信自己是对的。

父母应逐渐让孩子学会关心他人的感受，理解他人可能会有不同于自己的想法。例如，家中其他亲人生病时，可以让孩子了解病人的感受，引导孩子去想想自己以前生病时的难受经历，培养他的同情心。有时妈妈很累了，孩子还缠着要求讲故事，你可以告诉他：妈妈今天累了，真的不想多说话，我们今天就讲一个故事，好吗？

在日常带孩子的过程中，父母应把自己的感受告诉孩子，让孩子知道别人的感受有时会和他的一样，有时也会和他的不一样。当知道父母不舒服时，孩子也需要表示出他对大人的关心，而一旦孩子表达关心，父母一定不要忽略他，而要及时给予回应。

如果孩子在与小朋友做游戏时，不小心弄疼了别人，父母也可以借机进行教育，让他知道此刻别人的感受，让他学会向别人道歉，学会说对不起。

回顾与思考

1. 1—2 岁孩子自我意识发展的主要表现有哪些？你在自己孩子身上能发现这些行为吗？

2. 你的孩子属于哪种依恋类型？总体来说，他和小伙伴的交往行为表现如何？

3. 为什么要重视孩子的交往行为？

4. 除了给孩子提供更多的交往机会，还有哪些策略可以有效帮助孩子发展良好的交往行为？

6

亲子共读，
送给孩子最好的礼物

1. 开启亲子阅读之旅

书籍是人认识世界的一个窗口，早期阅读可以帮助孩子早一些打开这个窗口。有研究表明，早期阅读在孩子 9 个月到 1 岁左右开始比较合适，但如果你 1 岁 3 个月的孩子还不能安安静静待在你身边听你读书，也不必焦虑，更不要放弃。每个孩子都有自己的发展速度，对父母来说，最好的方式就是让阅读有趣地、自然地走近孩子，让他觉得这就是生活的一部分，就像洗脸、吃饭一样。你只需理解：对孩子来说，亲子阅读不是什么学习任务，它和搭积木、玩皮球并无不同，但是随着时间的推移，它确实能给你带来无穷惊喜。

理性看待 1～2 岁孩子的阅读

1 岁的宝宝不爱看书正常吗？我给他读儿歌，他就过来拿书，把书晃来晃去的，当玩具玩；教他看图，还没有一秒钟，马上就不看了；他还喜欢撕书，好像对书的兴趣不大。

——一个妈妈的育儿烦恼

很多父母会有这样的体会：1 岁多的孩子注意力很容易分散，缺乏耐心，他们经常会打开一本书翻几页之后就丢到一边又去玩别的东西了，一个故事给他们讲到一半，他们就跑开去做其他事了。面对这些情况，父母应该淡然处之，因为这是孩子正常的行为特点。在 1 岁多的孩子看来，书就像积木、皮球一样，要足够好玩才能让他的注意力多停留一刻。

父母要切记：如果孩子不想看书，千万不要强迫他看，否则很可能会使他对阅读产生反感甚至畏惧情绪。父母也不要气馁，可以找到孩子感兴趣的点，然后将他"引诱"到书中来。比如，翻到书中有小汽车的一页时，大声跟孩子说："宝宝也有一辆这样的汽车哦。"翻到有积木的一页，跟孩子说："这个积木看起来也很好玩哪。"将孩子的兴趣引到图书中，其实就是在孩子心中播下一颗颗阅读的小种子。

纸质阅读优于数字阅读

随着数字化时代的到来，人们阅读的载体由纸质书逐渐转向电子书。对成人而言，电子书确实有很多优点，比如方便携带、功能更强大，等等。但是对孩子来说，我们还是提倡纸质阅读，尤其是对于低幼阶段的孩子，纸质图书更是不可替代的。

首先，1 岁左右的孩子视力处于成长期，如果过度曝光在屏幕的照射下，很容易损害视力，甚至导致失明。

其次，纸质书更容易产生良好的阅读体验。屏幕很容易被好动好奇的孩子滑动，影响阅读；而纸质书本比较固定，没有太多干扰因素，能让孩子更专心地阅读。

最后，1—2岁正是孩子对事物形成自己感觉的敏感期。通过触摸纸质书可以让孩子得到实际体验，而电子产品无法达到这个效果。

放弃对阅读时间的计算

很多父母会纠结于亲子阅读的时间，每天阅读多长时间比较合适呢？其实父母大可不必纠结这个问题，对1—2岁的孩子来说，每次限定亲子阅读的时间是不现实的。因为这个时候的孩子变数很大，他可能这会儿对共读的这本书感兴趣，能坚持共读15分钟；可是第二天当你拿着书准备和他一起读的时候，他可能想玩玩具车了，5分钟都坚持不了。如果这时你硬要孩子放弃玩具车，和你一起看书，孩子肯定接受不了。

所以，与其纠结于每天阅读多长时间，不如放弃对时间的计算，跟随孩子的步伐，在他感兴趣的内容上多停留一下，他不愿意在书本上久留，也不用勉强，给他换一本书，或者干脆让他去玩好了。对1—2岁的孩子来说，保持对阅读的好奇和兴趣远比他具体读了什么东西来得重要。

给孩子做一个小书架

如果你的孩子有主动拿书翻看的行动了，强烈建议你给他准备一个小书架。在很多家庭，孩子的书就像玩具一样，到处都是，孩子要看哪本书，要玩什么玩具，完全靠"邂逅"或父母的"主观愿望"。这样固然没什么不妥，但是会让你的亲子阅读之旅缺乏方向，你会被孩子变化无常的选择搞迷糊，特别是当你拿给孩子的书被他无情拒绝后，更会有一种深深的挫败感。

给孩子准备一个小书架的好处就在于：把选书的权利交给孩子，这也会给孩子带来一种骄傲感："嘿，瞧，这些都是我的书，这是我最喜欢的书！"

记住，给孩子的书架不要太大，高度要以孩子能轻易拿到图书为标准。在图书的摆放上，父母可以加入自己的一些小心思，比如将新书放在孩子最容易够到的位置，将内容有关联的图书放到一起等，这样在无形中就完成了对孩子早期阅读之旅的引领。

放下说教，轻松启程

"这个故事告诉我们……""这本书教会了我们……"，盖上一本书之后，很多父母总是不自觉地加上这么一些语重心长的话，似乎不读出一些道理来，阅读就失去了意义。不过对 1 岁多的孩子来说，父母大费心力总结的道理可能并没有到达他的心里，他记住的可能只是图中小熊的一个夸张表情。

其实，几乎所有经典的绘本都不说大道理，它们讲述的多半是一段经历、一个有趣的片段，如《母鸡萝丝去散步》讲的就是一只母鸡饭后悠闲散步的过程（并不是说"多行不义必自毙"），《逃家小兔》讲的则是一只小兔子离家出走的故事（没有说离家出走就是坏孩子）……而且毫无例外，这些绘本描绘的世界都是基于孩子的视角。

所以，请暂时放下你急于收获的心理，放手让孩子去体验，让他自己去感受对与错、美与丑，去建立自己对这个世界的认知。

全家总动员

在现实中，很多妈妈是亲子共读的积极拥护者和实践者，可是，亲子共读也不能没有爸爸的身影。对于主动意识不强的爸爸，建议家里备几本"和爸爸读的书"，这些书可以由爸爸和孩子共同来挑选，也交给爸爸来和孩子进行共读。另外，还要重视祖辈的故事资源。祖辈可能更愿意跟孩子讲传统故事和古诗文等反映传统文化的内容，父母一定要积极支持，并且为孩子选购相关的书籍做补充。

2. 亲子阅读小妙招

对很多父母来说，与1—2岁孩子共读一本书充满了很多未知的挑战：我该怎么给孩子读书？他能理解这个故事吗？如果能够掌握一些小技巧，或许能让你在亲子共读这条路上走得更为顺畅。

养成共读习惯

父母应该每天或至少每周数次和孩子一起进行亲子共读，并形成定时共读的习惯。从时间来看，睡前共读就是一个很不错的选择。

对1—2岁孩子来说，亲子共读不仅能促进他的语言、社会情感和逻辑思维等能力的发展，更重要的是，能让孩子感受到爱和安全。当你抱着孩子或者坐在他身边和他一起阅读一本书时，孩子会觉得自己是安全的，温暖的，被爱包围着的。而在这样一个幸福的氛围中读书，会使读书变成一件幸福的事。所有你们共读过的书籍，都会让孩子产生幸福的联想，给孩子带来积极的心理暗示：爸爸妈妈是爱我的，原来书是能给人带来幸福感的东西。

所以，你可能会发现，一本书已经给孩子读过好几遍，他都已经会背了，可是仍然缠着你，让你讲给他听。那只能证明一件事，孩子更喜欢你读书给他听。因为你已经成功地把你对他的爱借助读书这个方式传递给了他。

一本书的阅读步骤

在拿到一本新书时，先告诉孩子"今天我们要认识一本新书"，然后快速把这本书讲完。孩子可能没听到一半就跑了，也可能听完之后没什么反应，当然也有可能是孩子立马表现出强烈的兴趣，要求读第二遍、第三遍。

对孩子不感兴趣的书，可以再试一两次，如果孩子还是没有兴趣，就放弃吧，也许图书的内容还不适合他这个年龄段，或许是画面他不喜欢。

对被孩子接纳的图书，第二遍阅读会很重要，这时父母可以加入很多"现实"的成分。比如读到《鳄鱼怕怕牙医怕怕》时不妨带孩子去牙医诊所看看，读到《月亮的味道》时不妨和孩子一起去看看月亮。让孩子体会图书与现实的关联，是非常重要的。

对喜欢的图书，孩子会要求大人一遍又一遍重复地讲。到了后面，父母要做的，就是按孩子的要求，一字一句地品读，让孩子感受到语言的节奏美、韵律美。

与图书有关的游戏

找一找

孩子起初是对书中的图画感兴趣，他们常常把注意力集中在书里的一两张图上。孩子无意中发现了一张自己喜欢的图画，然后把书合起来，再重新翻到这一页，这个过程在他看来就像玩"捉猫猫"游戏一样有趣。父母可以用这个办法将孩子吸引到一本新书上去，比如向孩子介绍一本新书时，找到一页很好玩的内容，先跟孩子一起读，然后把书合上，再让孩子自己去翻找这一页。

慢一拍

看书时孩子喜欢叫出每一幅图画的名称，但他们也喜欢听父母告诉他们图画的内容。在语言的发展过程中，听的技能甚至比说的技能更重要。用这样一个办法可以鼓励孩子同时提高听和说的技能，即父母说出某些词汇后要稍微停顿一下，以便让孩子有机会帮你说完下面的话。"快看那只大狗，"你可以这样说，"它要……"，然后等待孩子的反应，如果他没有反应，你可以自己说完下面的话，并继续往下念。

演一演

没有什么比夸张的表演更能吸引孩子的兴趣了。无论是念儿歌童谣，还是给孩子读绘本故事，加上一点点夸张的表情、好玩的动作、有趣的声音，这些文字和故事便有了生命力，能够给孩子带来更多乐趣。比如和孩子共读《猜猜我有多爱你》这本书时，不妨将书里的兔子换为你和宝宝。"猜猜我有多爱你。""我的手举得有多高我就有多爱你。""我爱你一直到我的脚指头。""我跳得多高就有多爱你！"你可以和孩子一起把这些有趣的对白演出来。

3. 给父母的购书小指南

对很多父母来说，给孩子选书是一件很头痛的事情，因为市面上的图书太——多——啦！所以，你必须把握一些选书的基本原则，以保证购买的图书能最大限度地发挥作用。为1—2岁孩子选书，最重要的原则就是安全和适合。

为孩子选择安全的图书

纸张不要太白

纸张过白，一是会增加颜色的对比度；二是反射光线过强，会过度刺激视觉神经，容易引起视觉疲劳，而且过白的纸张很可能添加了更多的漂白剂，长期接触不利于孩子健康。

反光不要太强

有的童书为了吸引眼球，追求高档精致的效果，会用光泽度很高的铜版纸来做。这些书看起来确实很漂亮，很精美，很高档，但会刺激孩子的眼睛，孩子越小，受的伤害就越大。

色彩不要太艳

都说给孩子看一些彩色图案有助于刺激他的视神经发育，所以很多父母总是挑那些色彩鲜艳的图书给孩子看。其实，总给孩子看颜色太艳丽的图书并不好。孩子看惯了太重太鲜艳的颜色，以后对自然颜色的分辨力就会被削弱。图书纸张的颜色还是以柔和的色调为好，比如淡黄色、淡粉色等，这些颜色不会使眼睛很快疲劳。

无刺激性气味

有的图书为了追求漂亮的外观和质感，有更真实的手感（比如书里讲到贝壳，就做成摸起来像贝壳的质地），制作时添加了一些化学物质，可能会对孩子的身体造成伤害。一般来说，有害的物质闻起来会有刺鼻的味道，购买时可以先闻一闻，如果味道很不好闻，就不要买了。

另外，在图书纸张和装帧的选择方面，父母也要注意。用纸不能太硬、太薄，否则容易割伤孩子的手。精装书的书角要选择包角的或者圆角的，否则坚硬锐利的角容易戳伤孩子。

给1—2岁孩子推荐的书

认知类图书

1—2岁的孩子对身边的事物很感兴趣，父母可选择一些有关日

常生活中最常见的动植物、交通工具、水果等认知类图书，内容不宜过于复杂，最好是一幅色彩鲜明、色调柔和的特写图画，可以让孩子将图片中的事物和现实生活中的实物进行联系、指认。

推荐图书：《宝宝观察力训练》。

玩具书

如今的阅读早已不再局限于传统的平面的书，各种立体的书、充气的书、撕不坏的书、有声音的书、电子的书……应有尽有。孩子可以用各种感官"阅读"，在一定程度上增强了孩子各种感官以及各种感官间协调性的发展。

推荐图书：《洞洞书》系列、《拉拉布书》系列。

儿歌童谣类

父母可选择节奏感和韵律感比较强的儿歌、童谣、诗词等，反复教其跟读。儿歌是民间文学和儿童文学的一种类别，古诗词是我国传统文化的精髓，它们的共同特点是形式简短、寓意丰富、节奏感强，读起来朗朗上口。1—2岁的孩子处于对语言的好奇阶段，这种学习语言的形式最为适合。父母在诵读的同时，配合模拟动作或者进行简单的情景展示，会进一步激发孩子模仿的兴趣。

推荐图书:《小雨滴:给0—3岁宝宝的律动儿歌》等。

绘本类图书

绘本是指以绘画为主，并附有少量文字的书籍，被称为"最适合幼儿阅读的图书"，也是父母最常购买的图书类型。1—2岁的孩子处于"前阅读"阶段，他们的阅读是从单幅图开始的，对故事情节还不能很好地理解。因此，可以给孩子挑选一些情节简单、重复性高、画面清晰简洁的绘本，比如《好饿的小蛇》《抱抱》《晚安，大猩猩》等。

给父母的提醒：最好不要给2岁以下孩子提供单页多图的绘本。因为2岁之前的孩子还没有"从上到下或从左到右建立逻辑关系"的阅读概念，如果一个页面出现多幅图，会让孩子感到很困惑，他们可能会因为看不懂而很快放弃阅读。

也尽量不要买绘本作家作品集，因为这些作品集的内容跨度会比较大。除非你的购书预算非常充足，否则还是量体裁衣比较好。

小贴士　发现优秀的图书

获得过国际奖项：凯迪克奖、纽伯瑞奖、凯特·格林纳威奖等；

某些结构严谨、有丰富经验的亲子阅读推广图书的内容推介；

如《朗读手册》《给孩子100本最棒的书》《世界图画书：阅读与经典》《我的图画书论》《喂故事书长大的孩子》以及朱永新教授领衔的新教育团队推出的《中国幼儿基础阅读书目·导赏手册》等；

购买排行榜：京东、当当、亚马逊等网站的销售排行榜。

最后要对各位父母说的一点是，每个孩子天性不一样，生活的环境也不一样，所以"她的孩子2岁就可以读这本书了"而"我的孩子完全理解不了这本书"的情况是经常会发生的：生活在热带地区的小孩可能很难理解"下雪"这样的概念，而对生活在内陆的孩子来说，"大海"也是一个很遥远的概念。这些超出孩子目前理解范畴的书，就留给后面的时间吧。

回顾与思考

1. 你认为什么时候开始给孩子读书比较合适？为什么？

2. 你们家有专门的亲子共读时间吗？坚持得怎么样？

3. 你觉得亲子共读带给孩子哪些变化？从亲子共读中你收获了什么？

4. 你是如何为孩子挑选合适的图书的？本章内容对你有新的启示吗？

7

第 七 章

探索中面临的危险

1. 摔倒

1—2 岁孩子的动作协调能力较差，各项能力还未发育完全，如果父母看护不到位，很可能让孩子摔着：或是从高处如床、桌、椅等上面摔下来，或是孩子自己走路没有协调好而摔倒、绊倒。为了避免孩子摔伤，父母一定要避免孩子独自一个人爬到高处。

如果摔到头部后引起重度脑震荡或颅内出血，一般会很快发作，最晚也会在 24 小时之内发作，所以有症状要尽快去医院。摔得很厉害的话，当天不要洗澡，也要避免外出玩耍。睡下后，还要时常查看脸色等。

要是孩子头部着地受到损伤较轻，或者只是磕出青紫的包，但脸色还不错，情绪也很好，可以让孩子卧床休息一两天，如果没有特殊变化，就可以下床活动，但也要持续观察一周。

孩子摔碰后，父母应根据不同状况进行处理

头上撞出大包或皮肤表面青肿
孩子头被撞肿起大包时，可以用冰袋或湿毛巾冷敷大约 20 分钟，这能起到减轻肿胀、缓解孩子疼痛的作用。冷敷之后，父母要在一两天内观察孩子的状况，如果没有其他异常反应，说明只是轻微的小伤，就不用太担心了，而头上的肿块也会慢慢消失。

如果孩子在受伤后几小时内出现一两次呕吐，但意识很清醒，也不用过于担心，通常 8 小时内孩子会恢复正常。如果孩子意识模糊、贪睡，而且不容易醒，头很痛或有严重的呕吐，正如前文提到的，要马上到医院诊治。

头皮擦破的情况

如果孩子出现头皮擦破的情况，那么父母要用消毒纱布或干净的毛巾、布，轻轻压住伤口，阻止血液外流；同时可以在伤口上涂一些止血、消炎的外用药膏，再用创可贴或者绷带包扎。如果流血不止，伤口上又有异物，应该及时到医院检查治疗。

发现孩子出现脑震荡的症状

如果孩子出现呕吐、眩晕等症状时，那么很有可能是孩子出现了脑震荡的情况。这个时候父母可以让孩子保持平躺，尽量不要移动受伤的孩子，尤其不要晃动孩子的头部。孩子呕吐时，让孩子侧躺，避免呕吐物堵塞气管。及时到医院检查治疗或呼叫急救中心，同时要监测孩子的呼吸和脉搏。如果急救人员到来前孩子就出现呼吸微弱的情况，要及时进行心肺复苏。

头骨损伤

如果除了有脑震荡的症状，头部受伤的地方还有明显的水肿，孩子的鼻子、耳朵或者嘴也有出血现象，那么也要及时呼叫急救中心请求抢救治疗。如果孩子的颈部或背部也受伤，可以试着将孩子的头部稳定住，防止他乱动加重受伤程度，直到救援人员到来。有伤口流血时，用消毒纱布或干净的衣服轻轻敷在伤口上止血。但是不要用手压孩子的头，也不要试图移开挨着孩子头的任何物体。

预防措施

为了避免孩子摔倒受伤事件的发生，父母事先要做好完善的防护措施。

窗户和阳台
窗户和阳台上安装一定高度的栏杆，栏杆宽度建议小于9厘米，孩子才不容易钻出。

台阶
台阶处保证光线充足，不要放置任何杂物；台阶上放置的地毯一定要铺平并没有毛边；在台阶一边安装扶手。

家具
不让孩子攀爬桌子、凳子、床等家具；当孩子坐在高处时，要时刻看护，并告诉他不要站起。

地面
保持地面整洁无杂物，浴室内装上扶手并加上防滑垫。

2. 烫伤

生活中孩子被烧伤烫伤的事故时有发生，面对突发事件时父母的应对措施将起到至关重要的作用。当孩子被烫伤后，我们要先用凉水冲洗，再小心地脱或剪掉衣物，以避免水疱破裂。

然而，有很多父母特别是老人会相信没有科学依据的东西，要么是土医生的所谓偏方，要么是道听途说。这不仅可能会加重病情，还会给烫伤的治疗带来困难。

错误做法

用盐水涂抹

有的父母认为，用盐水可以起到消炎杀菌的作用，并且可以散热。但是我们所用的盐水，一般都是家中的食用盐兑水，不是生理盐水。使用这样的盐水不仅没有帮助，还会导致伤口处的细胞脱水收缩，加重伤情，而且盐水也并不能起到散热的作用。

用蛋清涂抹

要知道，蛋清可谓营养丰富的培养基。用蛋清涂抹伤口，会使伤口附着和滋养细菌，造成创面感染。这种方法也是不可取的。

用香油、酱油涂抹

香油不会起到治疗伤口的作用，使用酱油亦是"帮倒忙"。首先，酱油本身含有盐分，同涂抹盐水一样，会使伤口细胞收缩脱水，且酱油本身不是无菌的，处理不当同样会引起感染。其次，深褐色的酱油覆盖在伤口上，严重影响医生对伤口情况的判断，会对治疗造成一定的干扰。

用牙膏涂抹

我们通常会认为烫伤了涂抹牙膏是个不错的选择。因为我们使用牙膏刷牙的时候，感觉整个口腔都是凉凉的。实际上，如果使用牙膏涂抹创面，只会让热能被困在牙膏下面无法发散，继而伤害皮肤。

在民间，类似的偏方还有很多，如在伤口处敷上土豆片，或者在伤口处擦上蜂蜜、猪油，或者削几片生梨贴于伤处等。这些都没有科学依据，只会加重病情，使伤口感染。

正确处理办法

第一步，洗。用自来水冲洗伤处。孩子被烫伤后，父母可以第一时间帮孩子用凉水冲洗烫伤部位，持续约一刻钟。这其实是给烫伤处降温的过程。降温是烫伤处理最重要最紧迫的事情。因为当孩子被烫伤后，停留在烫伤部位的热油或者开水并不会立即消失。相反，它们会进一步沿着孩子娇嫩的皮肤渗入并对细胞产生伤害，如果不及时降温，那么即便是轻伤也可能变得严重起来。

第二步，脱。父母在给孩子用凉水冲洗的过程中，还要小心地将覆盖在伤口上的衣服脱掉或剪掉，以免衣服纤维粘在伤口上，造成感染。

第三步，泡。冲洗完伤口并脱掉孩子伤口附近的衣物后，父母可以把孩子的烫伤部位浸泡在冷水里半个小时左右，以减轻烫伤程度和孩子的疼痛感。

第四步，盖。泡好后，父母要用无菌的纱布或敷料对孩子烫伤部位进行包扎，或者轻轻地盖在伤口部位，以起到保护伤口的作用。如果有水疱，小心不要弄破，避免感染。

第五步，医。无论如何，父母毕竟不是专业医生，我们只能做好最基本的急救工作。因此，在烫伤发生后，父母一定要及时将孩子送到医院烫伤科进行专业诊断和治疗。

预防措施

救治工作进行得再好，也不如伤害没有发生。在生活中，父母一定要做细心的人，帮助孩子避开一些无谓的伤害。

（1）厨房有人做饭时，注意不要让孩子靠近火源。妥善放置电饭锅、电热宝、暖瓶等盛有热汤、热饭、热水等的容器。尽量不要让孩子待在厨房。

（2）不要让孩子单独待在卫生间，给孩子洗澡的时候要先放凉水，后加热水，大人用手试温后再给孩子洗澡，等等。

（3）吃饭时及时提醒孩子不要嬉闹，给孩子安排固定的座位，有些热的东西不要急于进食，比如粥、汤等。

（4）尽量不用桌布，以防孩子拉扯桌布打翻盛放热液的容器。

（5）煤气不用时关闭总开关，以防孩子模仿点火。

（6）把点火工具，如打火机、火柴等放在孩子不易取到之处，并教导孩子不玩火。

（7）冬天使用电取暖器时，注意远离孩子或加护栏。

（8）把家用强力清洁剂，如除污剂、碱水、浓硫酸等放在孩子不易碰到的地方，以免孩子误食或泼洒到皮肤上，导致化学性烧伤。

3. 被宠物抓伤咬伤

孩子一般都很喜欢小动物，他们喜欢把宠物当作自己的好朋友、好伙伴。但是毕竟孩子的年纪还小，在与宠物接触的时候难免会因为没掌握好力道而激怒它们，从而受到伤害。父母要特别注意，孩子若是被这些动物抓伤咬伤，一定要及时治疗，否则就会有患狂犬病的危险，这并不是危言耸听。狂犬病的死亡率接近百分之百。

小贴士　狂犬病

狂犬病是由狂犬病毒所引起的一种严重的急性传染病，人类和动物都可能被感染。狂犬病大多是被带有病毒的猫、狗或狼咬伤所引起的，被感染者的症状表现为恐水怕风、咽肌痉挛、进行性瘫痪等，并伴随有四肢乏力、烦躁不安、瞳孔散大、唾液过多、出汗、失眠等症状。一般发病的两到三天内，被感染者体温会达到38℃左右，精神开始陷入兴奋状态，并伴随着痉挛。一旦病毒扩散到全身，就面临着死亡的危险。

紧急救护措施

当孩子被宠物抓伤或咬伤时，父母一定要保持冷静，避免过分恐慌引起孩子的恐惧心理。送往医院前先立刻采取正确的紧急处理措施，以免深度感染增加病发率，并且一定要在 24 小时之内注射狂犬病疫苗和破伤风抗毒素。

如果伤情并不是十分严重，父母可以给孩子清洗伤口。正确流程为先挤出伤口里的血，再用流动的水和肥皂反复冲洗伤口处几分钟时间，再用清水冲干净。清洗伤口后应涂抹碘酒进行消毒，一般不用包扎伤口，暴露即可。

采取了应急措施后，应前往医院注射狂犬病疫苗并进行破伤风预防注射。对没有接种过狂犬病疫苗的伤者来说，要接种 5 次疫苗，即当天、第 3 天、第 7 天、第 14 天和第 30 天。因为到目前为止世界上几乎还无能力救活狂犬病病人，一旦注射疫苗失败就会发病，所以一定要坚持打完 5 次，这是一个科学的严格的程序。父母应特别注意：如果被咬到的伤口很深，就应该打一针破伤风抗毒素，以免节外生枝。

预防常识

预防重于治疗。为了避免孩子被宠物咬伤、抓伤，父母要做好预防工作：

（1）如果家里孩子太小，父母尽量不要养猫、狗之类的宠物。因为孩子还小，各方面的能力包括行为能力、免疫能力等都比较弱，并且几乎完全没有安全意识和危险意识。所以父母最好能够从源头处采取措施，避免孩子被咬伤、感染细菌等。

（2）如果家里确实有养宠物的需要，那么要想孩子和宠物和平共处，父母就要劳心费神了：

在养小动物之前，尽可能选择性格比较温驯、攻击力不强的宠物；

要定期给宠物注射预防狂犬病的疫苗；

及时做好宠物的卫生管理，比如毛发、指甲的修剪和清洁工作；

无论大人还是孩子，当身上有伤口时，要避免和宠物亲密接触，以防宠物的唾液或身上携带的细菌感染伤口；

带宠物出门的时候，要牵好宠物绳，避免宠物追逐甚至咬伤他人。

（3）要注意陌生的猫狗，告诫孩子不要去摸，以防被咬伤。教会孩子如何正确地与小动物相处。

总之，当孩子被猫狗或其他宠物抓伤或咬伤时，一定要去医院检查治疗。同时，日常看护中，父母也要小心谨慎，尽量做到细致入微，避免孩子出现这样的事故。

4 意外窒息

意外窒息是指由于人体气道受阻，气体交换无法正常进行，严重时可引起组织器官缺氧，导致死亡。导致儿童意外窒息的原因主要有：被褥压迫、绳子绕颈、食物或玩具细片吸入等。

1—2岁孩子最容易发生意外窒息，因为这个年龄段的孩子气管很细，即便是很小的颗粒被误吞入或吸入，都极有可能阻塞气道，导致窒息。

孩子的自救能力很差，如被厚厚的被子压得喘不过气，或被衣服上的丝带勒住了脖子，或将玩具的小零件吸入气管等，孩子难受，但只会用哭来呼救，这恰恰又加重了气管的压力，加快了窒息的速度。

1—2岁的孩子虽可自如地咀嚼、吞咽食物，但咽反射弱，一旦异物呛入，无法通过强的咳嗽反射咳出异物，导致异物吸入气管，孩子会出现呼吸困难，常伴有异样咳嗽。

紧急救护措施

孩子小，误食东西是经常发生的意外。父母首先要确认吃了什么，是进入了气管还是食管。

小的固体异物

如果孩子吞食了少量的、危险性小的异物，可将孩子抱起来，一只手捏住孩子颧骨两侧，手臂贴着孩子前胸，另一只手托住孩子后颈部，让其脸朝下，趴在救护人员膝盖上。在孩子背上拍 1~5 次，观察孩子是否将异物吐出，然后观察孩子的状态，如果精神很好或者把吞咽的东西都吐出来了，就不需要担心了。

气球或者塑料

不透气的材料堵在气管或者喉咙里是非常危险的，必须马上拿出来；如果拿不出来，要立刻呼叫救护车。

鱼刺卡到嗓子

可用手电筒照亮孩子口咽部，用小匙将其舌背压低。仔细检查咽喉部，主要是咽喉的入口两边，因为这是鱼刺最容易卡住的地方。如果发现刺不大，扎得不深，就可用长镊了夹出；如果不好处理，则应前往医院。

清洁剂

可以让孩子喝少量的牛奶或水后，再把手指伸到他的舌根处，让孩子把东西吐出来。

如果孩子误食了强酸、强碱性清洁剂，灯油和汽油等一些特殊的化学物品，不能让孩子吐，应直接叫救护车。

小贴士　需送医院处理的情况

（1）呼吸异常

异物进入气管，孩子一直咳嗽，或者呼吸异样，需要及时送往医院。

（2）进食异常

如果孩子一直不愿进食或者一直流口水，甚至出现呼吸困难的情况，这是吞食的异物跑到了食管里，这时要立即送到医院救治。

预防措施

（1）父母要特别小心很多非常小的物件，例如玩具的零件、包装的配件、图钉等，把它们放到孩子拿不到的地方，以免发生意外。

（2）检查孩子的床，拿掉枕头、毛绒玩具和其他松软物体，这些都是引发孩子睡觉时窒息的隐患。

（3）床上最好不挂玩具，如果要挂，绳子长度不宜过长。

（4）最好给孩子穿拉链衫，如果穿纽扣衫，则要经常检查纽扣是否松动脱落。

（5）减少孩子衣服上的装饰物。

（6）孩子吃东西时，要让他保持安静并认真看护，让他坐直并认真地吃，不要边跑边喂饭，或边吃饭边看电视和讲笑话。

（7）孩子吃东西时，保证他们手可触及的范围内没有小颗粒物（包括食物），如玩具部件、花生粒、葡萄等。

（8）不给孩子吃圆形坚硬的小颗粒食物，如硬糖、坚果和爆米花等。

（9）经常检查孩子的玩具，查看是否有零部件或碎片脱落。

5. 溺水

一旦发生溺水的情况，把孩子从水中救起来之后，立即叫救护车。在等待救护车的过程中，把孩子平放在平地上，首先要看看孩子是否还有意识、呼吸和脉搏。对于心脏骤停的患者，4 分钟内进行复苏可能有半数患者被救活，又称"黄金 4 分钟"。

紧急救护措施

清醒，有呼吸有脉搏

呼叫 120。在救护车到来之前，脱掉孩子身上的湿衣服，把水擦干，再用干燥的毯子或者被子把孩子包裹住，给孩子保暖。

昏迷（呼叫无反应），有呼吸有脉搏

呼叫 120，清理口鼻异物，稳定侧卧位，等待救援人员。密切观察呼吸脉搏情况，必要时进行心肺复苏。

昏迷，无呼吸有脉搏

呼叫 120。孩子喉痉挛，无呼吸，脉搏微弱濒临停止，类似"假死"状态，此时仅仅给予开放气道、人工呼吸，脉搏心跳即可迅速增强。恢复呼吸后，可采用侧卧位，等待救援人员。

昏迷，无呼吸无脉搏

呼叫 120。即刻清理孩子口鼻异物，胸外按压、开放气道、人工呼吸，即采用 C–A–B 心肺复苏急救顺序，并持续复苏至患者呼吸脉搏恢复或急救人员到达。

小贴士　婴幼儿胸外按压方法

定位：双乳连线与胸骨垂直交叉点下方 1 横指。

手法：幼儿（1—8 岁）——一手手掌下压；婴儿（1 个月—12 个月）——环抱法，双拇指重叠下压，或一手食指、中指并拢下压。

下压深度：幼儿至少 2.5~3.5 厘米，婴儿至少 1.5~2.5 厘米。

按压频率：每分钟至少 100 次。

按压呼吸比：30：2，即先进行 30 次胸外按压，然后开放气道，最后进行 2 次人工呼吸。

预防

（1）1—2 岁的孩子一般还不会游泳，尽量少带他去有水的地方，要远离河、井等地方，玩的时候要有成人专门陪同看护。

（2）不要让孩子独自接近家里装满水的盆、桶、浴缸、鱼缸等。

6. 触电

电击可引起局部皮肤的严重烧伤和全身反应，表现为头晕、心慌、惊恐、面色苍白，严重者发生昏迷及抽搐，呼吸、心跳停止。

急救处理

（1）一旦触电，应尽快让孩子脱离电源，如孩子触及插销，应立即关掉电源开关；如触及垂下或刮断的电线，可用干燥的木棒、竹竿等绝缘工具将电线挑开；如孩子倒在电线上，附近又无法切断电源，可用绳子或将衣服拧成带子套在孩子身上，将其拉开。救护者一定要注意自身安全。

（2）在送往医院或等救护车到来之前，心跳、呼吸停止的一定要及时做人工呼吸和胸外心脏按压（参考溺水急救处理方法）。

预防措施

触电是严重的意外事故，应加强防范。

（1）孩子从走路开始就应该反复教育其不玩灯头、插座、电线和各种交流电器，让孩子从小养成不玩带电物品的习惯，可预防发生触电。

（2）父母要有较强的安全防范意识，电器的插座要设置在孩子不易接触到的地方，也可做加盖处理；给孩子玩电动玩具时，要注意检查电路、电池是否完好，以免发生故障引起事故。

（3）教育孩子遇有刮落或断裂的电线时，不可走近，更不可以用手去拿。

中暑、煤气中毒、交通事故等也是幼儿期比较常见的意外事故。无论是在家中还是外出，父母都应仔细观察孩子所处的环境，尽量减少和避免危险因素。外出时应有大人陪同等，保证孩子的安全。一旦发生意外，应根据孩子的反应和伤情，决定是否需就医，如要去医院的则应尽早，以免贻误治疗时机。

回顾与思考

1. 你是一个细心的人吗？在平时的生活中，你比较注意的是孩子哪方面的安全？

2. 家中有哪些对孩子的安全可能造成隐患的事物？

3. 你平时会对孩子进行安全教育吗？你是怎么教育孩子的？

4. 关于孩子烫伤，你听说过哪些"偏方""妙方"？你相信它们的作用吗？

5. 你的家里有常备药箱吗？你准备了哪些应急药物？

第 八 章

做智慧的
1—2 岁孩子父母

1. 正确应对育儿焦虑

在信息井喷、选择过剩、育儿高度精细化的今天，养育孩子使年轻的父母既充满了快乐和幸福，又常常处于疲惫、焦虑、不安、无助和紧张中。父母常常对孩子的衣食住行、身体发育、脾气个性、同伴和亲子关系等一系列事情过分敏感与不安。2015 年，全国妇联儿童工作部做过一次全国家庭教育现状调查，结果显示：多数父母存在不同程度的养育焦虑。虽然这个调查主要针对的是中小学生家长，但是低龄儿童的父母同样存在这样的问题。

育儿焦虑哪里来

养育孩子是一个持续、细致、繁杂的过程，也是父母和孩子共同成长的过程，这个过程中会有各种不同的感受。年轻的父母尤其是母亲会产生疲惫、缺乏自信、焦躁不安、孤独、担忧等情绪，原因归结起来主要有：

（1）年轻父母这一代人生长在社会变革时期，应试教育和激烈的高考竞争使得他们失去了原本应有的社会生活实践机会，许多人本身就是独生子女，应对生活的能力较弱，一旦面对育儿这样的复杂工程，如果缺乏得力的帮助和支援，很容易手足无措、紧张、焦虑。

（2）生活中，各种不安全问题时常发生，新闻中常常曝光的食品安全、环境污染、生活设施安全等问题无不威胁着脆弱的孩子，使年轻的父母陷于担心和焦虑中。

（3）育儿过程中社会支持乏力，年轻父母的许多具体困难不能及时得到解决，在抚养教育孩子方面年轻父母信心不足，产生无助感。

（4）以孩子为轴心的生活挤压了妈妈的自由生活空间，且无法在短时间里摆脱困境。在日常生活中，要搞定孩子和家中一切大小事，并不是我们想象的那么简单。父亲参与育儿的程度不高。在夫妻分担育儿责任方面，丈夫更多地停留在物质支持层面，而真正参与家务劳动和孩子的教育，即便是在开放的大城市，仍有很长的路要走。

（5）虽然有数据表明越来越多的年轻父母正在独立承担工作和教养子女的双重任务，但生活在城市中的很多年轻父母都没有亲自抚养和教育孩子，而由祖父母（或外祖父母）承担了父母的责任。责任的调转让老人们压力重重，因此育儿焦虑在他们身上也都普遍存在，只是被忽视了。两代人在育儿过程中产生的差异和冲突，也加重了抚养者的焦虑感。

尽信书不如无书

书籍、网络论坛、电视媒体以及长辈的经验传授是当前父母获取育儿知识的主要途径。很多年轻的父母在照顾宝贝或教育孩子出现困惑时，会第一时间上网或到育儿书中去寻求答案，但往往也陷入信息过多的焦虑，难以分辨真伪和筛选取舍，跟风、从众的现象比较多，忽略了孩子的个体差异。有的父母僵化于某种育儿理论及儿童发育标准，对照自己孩子的发展，一有不合便焦虑与恐慌；有的父母只凭网络论坛上不知来源的只言片语就迷信盲从；还有的父母在学习多种相互冲突的育儿理论后则完全陷入不知所从的状态；等等。

而这一切的根本即孩子发展的基本规律及个体差异则被父母忽视了。每个孩子都是独特的个体，有的热情活泼，有的则沉稳内向；有的喜欢阅读，有的则更喜欢运动。孩子越小的时候也是越受生物基因控制而表现出个体差异的时候。没有哪种育儿理论是绝对正确的，即使被证明是科学的也不能生搬硬套。

同时，受"要赢在起跑线""天才儿童培养"等理论的影响，不少父母错误地认为，对孩子实施"教育"越早，实施的"教育"越多，就越有利于孩子的发展。父母对孩子的了解不够，过分关注和干预孩子的成长，往往会导致对孩子溺爱或者过于严格，而这样做的后果就是在育儿的过程中制造出更多的问题。

接纳自己和孩子的不完美

你和你的孩子一样，都是这个世界上独一无二的个体，你的个性、气质、能力和别人都不一样，所以请不要羡慕他人育儿的成功，给自己戴上枷锁。相信自己，虽然有这样那样的缺点，但是你一直在努力成为一名好父母，不是吗？

同时，也请接纳孩子的不完美。美国女科学家芭芭拉·麦克林托克在 81 岁时获得诺贝尔生理学或医学奖，她在领奖台上说："我是一朵秋天里的雏菊，我相信，不是每一朵花都在春天开放。"每个孩子都有自己的成长密码，不要拿他跟其他孩子去比较。

2. 爸爸，陪我一起长大

英国著名教育家斯宾塞说："父亲，是孩子通往外部世界的引路人。在教育孩子的过程中，无论是性格培养，还是情感教育，无论是知识训练，还是道德品质的培养，父亲都产生巨大的影响。"

无可替代的父亲

父亲在家庭中是个相对特殊的存在，他身上不仅有家庭所需要的爱和温柔的元素，还有很多面对社会时必须具备的刚强、坚毅、乐观、豁达。

父亲和母亲都爱孩子，但二者性别角色与性格特征不同，会对孩子产生不同的影响。与孩子交往时，母亲更多的是与孩子进行语言交流，容易影响孩子的生活习惯；而父亲则多是通过运动、游戏与孩子进行交流，更容易影响孩子的人生观与价值观。

父亲会经常鼓励孩子尝试新鲜的游戏，鼓励孩子去探索，克服困难，积极进取，从而让孩子养成良好的个性品质。父亲能带给孩子力量感和一份安全的依托。

父亲对男孩与女孩的性别化发展进程也具有重要影响。男孩会模仿父亲的角色和行为，通过父亲认识、认同自己的男性身份。对女孩来说，父亲的言行、待人接物的态度，都会对其今后的社交能力和性格产生非常重要的影响，甚至会影响其未来与丈夫的相处模式。

好爸爸没有快捷方式

父亲这个角色的重要性似乎人人皆知，然而真正做起来，恐怕就很不一样了。做爸爸是男人一生中最重要的转折，也是成长的催化剂，但是这其中的滋味，不单单是甜蜜，还有苦涩与烦恼。对父亲来说，每一次努力，每一点改变，都将是值得的。

"我们都是当了爸爸，才学会如何做爸爸的。"问题是我们知道如何做一个好爸爸吗！父母未教，书未曾读，匆忙上手，边做边学，时感困惑，这大概是大部分父亲的写照吧。另外一个现实是，越是事业成功的爸爸，越容易忙到没时间做一个称职的爸爸，而将许多教养工作丢给妈妈。这样的父亲是不称职的。父亲这个角色对于家庭的意义，绝不只是赚钱养家而已。父亲对孩子来说，是重要价值观的传承者，是孩子学习的榜样，同时父亲也扮演着给予家中每一个人身心支持的重要角色。

值得一提的是，很多爸爸单独和孩子相处时，其实也是可以做得很好的，但只要妈妈在场，爸爸就会不自觉地"退居二线"，这一方面有爸爸的原因，另一方面也有妈妈不肯放手将孩子交给爸爸带的原因。所以，这里要提醒各位妈妈：请给爸爸更多与孩子独处的空间。一来可以让自己暂时从繁琐的育儿事务中抽身，二来也给爸爸更多陪伴机会。熟能生巧，次数多了，爸爸的胜任力自然也就上来了。

爱我你就陪陪我

父亲参与育儿最好的方法就是"多陪伴"。用行动来告诉孩子，我有多爱你，而非用物质奖励来代替与孩子在一起。1—2岁是孩子安全感培养的关键期，这个时期父母的陪伴对孩子来说尤为重要。作为父亲的你，请一定不要缺席。

父亲与孩子的相处，不但要有"量"（时间、机会），更要注重"质"。如果爸爸实在忙，那么建议每天陪孩子的时间也不要少于1个小时。这1个小时，必须是爸爸专心陪伴孩子的高效率的1小时。

回家之后的10分钟最重要

很多爸爸回家之后就躺在沙发上，去释放自己一天的劳累，却不知爸爸刚刚回家的10分钟对孩子来说有多重要。孩子在家中等待了一天，积蓄了一天的盼望，好不容易把爸爸盼到家里，还没来得及将攒了一天的思念和热情释放出来，就受到爸爸的"冷待遇"，心里肯定很不是滋味。

如果爸爸一进门就和孩子互动，抱抱孩子，听听孩子的话，再跟孩子说说自己白天遇到的事，问问孩子今天都做了什么，虽然1—2岁的孩子还不能很清楚地表达，但孩子会在这个过程中体会到爸爸对自己的关爱，孩子会觉得非常开心、幸福。

饭后睡前温情半小时

饭后留给孩子半小时，可以陪孩子做一些益智活动，比如和孩子一起涂鸦、玩游戏，这不仅能增加爸爸和孩子之间的情感交流，还有助于促进孩子的智力发展。

你也可以拿出睡前的半小时陪孩子一起读读故事书，这是爸爸们完全能做到的。给孩子读故事不应该是妈妈一个人的责任，与妈妈的温柔细腻相比，轻松搞笑的爸爸能带给孩子不一样的共读体验。

和爸爸一起玩的游戏

游戏一：坐飞机

游戏方法：

（1）孩子跨坐在爸爸的肩上，爸爸一定要双手扶住孩子。刚开始玩这个游戏的时候，爸爸不要急于站起来或走动，让孩子慢慢习惯这种坐的方式以及高度。

（2）告诉孩子，飞机起飞了，爸爸缓缓地起身；告诉孩子，飞机降落了，爸爸缓缓地蹲下。让孩子体会升高和降下的感觉。

（3）告诉孩子，飞机要出发了。爸爸运用身体动作模拟飞机的飞行，如加快步伐、放慢步伐、拐弯等，让孩子感受速度的变化和身体的方向。但爸爸别忘了要调整好自己的动作以适应孩子的接受程度。

游戏二：飞飞

游戏方法：爸爸平躺在床上，孩子趴在爸爸的身体上。爸爸双手抱住孩子的身体，告诉孩子："起飞了！"然后把孩子举高。爸爸告诉孩子："降落了！"然后把孩子放回自己的身体上。

游戏还可这样玩：

（1）孩子趴在爸爸身上的时候，爸爸可以问："我的宝宝在哪里？"当把孩子举高时，爸爸可以说："我的宝宝在这里。"等孩子长大了，会说话了，可变为与孩子的对话。

（2）刚开始玩时，不要把孩子举得太高，要让他感到安全，才会有继续玩的欲望；随着孩子年龄增长和玩的次数增多，可以增加举起的高度和游戏的速度。

3. 不可回避的隔代育儿问题

由祖父母或外祖父母帮助父母照顾孩子，在中国是一种很普遍的现象。特别是孩子 1—2 岁这个阶段，妈妈的产假休完了，需要重回职场，而幼儿园最小的托管班一般也只接收 2 岁以上的孩子，在事业和家庭的双重压力下，年轻父母很难兼顾，请老人帮忙带孩子成为不得已的办法，毕竟祖辈更能让父母放心。

请祖辈照看孩子，一方面可以让年轻父母更安心地工作，没有后顾之忧；另一方面，由于两辈人教养观念不一致等原因，也会产生一些矛盾和问题，成为家庭不和谐的一个因素。

隔代教养的利

"隔代亲"是祖辈最大的优势

正是由于孙辈和祖辈之间存在着斩不断的亲情，所以祖辈们才会心甘情愿地抚养孩子，并任劳任怨，为孩子的生活操心。在隔代教育中，这是祖辈们具有的最大优势。

祖辈对孙辈的照顾，实质上也是对子女的爱护。正是因为这种补偿心理，所以祖辈对孙辈的抚养和教育往往会十分用心。正因为亲情，祖孙之间便存在一种天然的信任与依恋。任何一个育儿机构和保姆，都是不能给予这种感情的。

祖辈教养有利于孩子对传统文化和美德的传承

祖辈有着丰富的生活知识与人生阅历，而且祖辈淳朴的个性以及良好的生活习惯，对目前这样一个浮躁的社会来说，是相当难得的。如果孩子能多与祖辈们接触，潜移默化之中，可以习得许多良好的品德。通过祖辈们的影响和教育，绝大多数的孩子也都可以养成勤俭节约、有礼貌等优良品德。

祖辈有充裕的时间

现在的年轻父母，工作一般都比较忙碌，孩子出生之后，往往没有很多的时间陪伴孩子。祖辈因为大多已退休，有充分的时间，有大量的耐心和爱心，可以更好地照顾孩子。

隔代教养的弊

祖辈的溺爱使孩子生活自理能力相对较弱

在隔代教养的家庭中，由于"隔代亲"和观念陈旧，祖辈更容易对孩子产生溺爱，对孩子百依百顺，事事包办，处处代替，对孩子的需求更是有求必应，间接地剥夺了孩子自己锻炼的机会。在这样的环境中成长起来的孩子，会逐渐养成衣来伸手、饭来张口的习惯，没有了动手劳动的愿望，生活自理能力较弱。

祖辈带大的孩子往往身体动作能力较弱

祖辈往往过于注重安全，不敢放手让孩子去活动，由此带来的结果是孩子的身体动作能力发展较弱，容易养成胆小害羞的性格。

影响祖辈的晚年生活

退休后老人本应享受生活，但是出于对下一代的爱和责任，不得不推迟退休后的娱乐休闲安排。带孩子毕竟是一件非常繁重的任务，对上了年纪特别是身体不大好的祖辈来说，这是一个很大的负担。特别是孩子小，生活自理能力差，对老人家的体力更是一个极大的考验。

小贴士

在隔代教育中，大家争议的焦点主要有：

喂养方式　在饮食方面，祖父母大多迁就孩子的偏好，孩子易挑食、偏食，养成不良的饮食及生活习惯，这不利于孩子的健康发展。

管教方式　祖父母对孩子的管教有以下两种常见类型：严厉型和宽松型。严厉型的祖父母对孩子监督过度，不利于孩子安全感的培养。而宽松型的祖父辈，对孩子过于放纵，一切包办，这也不利于孩子成功发展出独立性。

早期智力开发　大多数祖辈没有接受过当下的教育观，而他们往往会因爱孙心切，帮孩子做太多事情，间接地让孩子失去学习的机会，这不利于孩子思维的发展。

安全隐患　在隔代教育中，祖父母承担教养孩子的责任。但是，祖父母的精力和体力都不如孩子，不仅不能及时回应孩子的需求，而且可能因体力有限而无法看好小孩，因此可能存在安全隐患。

父母才是教育孩子的主角

不管如何，我们要坚信一点：父母才是教育孩子的主角，祖辈或者任何其他人都只是补充。现在很多年轻父母忙于工作，把养育孩子的重任交给老人，一旦孩子出了问题，又开始抱怨老人不会带孩子。这对孩子是一种不负责任的行为，对祖辈也是不公平的。

感恩祖辈付出

祖辈牺牲自己的休息时间，全心全意地帮助带孩子，每一个父母对此都应该心怀感恩。这个世界上除了父母，大概再没有其他人会像祖辈那样爱孩子。这份爱同样无私、伟大。虽然有时候，你对祖辈的教养方式有这样那样的微词，但是请先站在老人的立场上去理解他们，而不是动不动就责备他们，让矛盾升级。比如对于祖辈老给孩子吃糖这件事情，你可以跟祖辈说："妈妈（爸爸），我知道您非常疼爱宝宝，希望他健康成长。但是，吃太多糖对孩子的牙齿不好，也影响了他正常的食欲，您看宝宝现在都不喜欢吃饭了。所以，我们还是尽量少给他吃点糖，好吗？"先表达自己的理解，然后以一种商量的口气与老人沟通，相信老人家也会慢慢接受你的观点。

与祖辈达成教育一致

在教育孩子这个问题上，父母要与祖辈达成一致。千万不能父母忙着管教，老人跟着拆台。父母可以坐下来和老人一起确立教养孩子的基本原则，在双方有争论的地方可以咨询更专业的人士。比如可以给孩子吃哪些东西、到底要不要给孩子穿很多衣服等，有时候父母不能很好地说服祖辈接受自己的观点，可以咨询医生、营养师等专业人士的意见，从而改变祖辈的老观念。

小贴士　巧解隔代育儿问题

（1）辅食总是做得太咸

老人的理由：孩子要开味觉，而且吃咸的才有劲。

处方一：盐吃多了对心脏、肾脏都不好。先把这个观念普及给老人，不要直接就说给孩子做辅食的事，只说希望他们少吃咸的。等他们接受了这个观点，再跟进一步：孩子这么小就吃这么咸，估计没长大就会得高血压、心脏病、肾病……

处方二：带宝宝去体检的时候带上老人，主动问医生关于辅食如何做、要不要咸一点等问题。医生说的"宝宝不能吃咸"的话就会成为"圣旨"，比你劝老人一百遍都有用。

偏方：宝宝娇嫩的皮肤难免会起一些疹子、痘痘。如果你带宝

宝去看病，即使不是因为吃得咸，回来也要"传达"医生的话："要是再吃咸的，脸上的痘痘会越来越多，还治不好，会变得很难看。"谁不希望自己的孙子、孙女白白净净的呢？

（2）给宝宝买品牌洗发水、擦脸油就是乱花钱

老人的理由：便宜的一样用。

处方一：告诉老人，"便宜的我也买过。可是给宝宝用过后他老是抓头、抓身上，都快要抓烂了。再说，一年顶多也就用一两瓶，如果把身上抓出毛病去看病就更贵了"。

处方二：可以找那些又便宜又好用的，比如郁美净就非常不错，很多妈妈推荐。

偏方：不让老人知道价钱，或者告诉他是单位发的、朋友送的。

（3）总是给孩子多穿衣服

老人的理由：穿得少容易冻着。

处方一：全家一起出去玩或者运动的时候，找一个老人觉得热要脱衣服的机会，对他说："我怎么没觉得热呢？哦，是因为您活动了。宝宝好动，肯定会觉得比咱们热。"老人有切身感受的时候说服工作更容易做。

处方二：根据天气情况，自己准备好第二天要给宝宝穿的衣服。

偏方：告诉老人孩子穿得多就不爱运动，不爱运动就会发育缓慢，行动迟缓，就会比别的孩子笨，以后上幼儿园就会受委屈，再大点儿体育不达标就上不了重点学校……

回顾与思考

1. 你是一个焦虑的妈妈（爸爸）吗？遇到育儿方面的问题，你一般是怎么解决的？

2. 作为父亲，你每天陪伴孩子的时间有多少？你认为父亲在孩子的成长过程中应该发挥怎样的作用？

3. 你们家的孩子主要由谁看管？你如何看待隔代教养这个现象？

4. 你和祖辈在育儿过程中有意见不一致的时候吗？你是怎么处理的？

第 九 章

好习惯初养成

9

1. 培养孩子吃饭好习惯

1 岁后，大多数孩子都断奶了，开始和大人一样吃饭。对这个时期的父母来说，让孩子好好吃饭成为养育的一项重要任务。这个时候的孩子非常好动，在你给他喂饭的时候，他会动来动去，边玩边吃。大概 1 岁 3 个月以后，父母就可以让孩子自己吃饭了。

科学用餐，防止挑食

1—2 岁的孩子可以适应成人的大部分饮食，正餐时应该让孩子与家人吃相同的饭菜，只是给孩子吃的饭菜口味要淡一些，因为进食过多的食盐和调味品不利于孩子的身体健康发展。

父母对某种食物的喜恶不要影响到孩子，不要以父母的口味来安排孩子的饮食，否则容易让孩子养成挑食和偏食的坏习惯。

让孩子习惯于吃各种味道的食品也很重要。这可以使食品的搭配更合理，并促进孩子味觉的发展。如果孩子不乐意或者完全拒绝吃新的食品，不要一味地给食品加糖，这样会养成他只吃甜食的习惯，以后对他的喂养就比较困难。比较好的办法是，当孩子饿了的时候，开始先喂他几匙新的食品，然后喂原来的食品，直到喂饱为止。孩子适应新食物的过程，大约需要一至两周的时间，需十余次适应训练之后，孩子才会接受新食物。在对孩子进行训练的过程中，要有耐心，不要遭到一两次拒绝就停止训练。

1—2 岁孩子每天吃 5~6 顿饭为宜。也就是说，除孩子与父母共同吃 3 次正餐之外，还应给孩子 2~3 次加餐。每一餐孩子吃的东西要少给勤添，吃饱为宜，不宜吃得太多。如果孩子一次吃得太多，会产生胃胀等不舒服的感觉，这样孩子会对吃饭感到有压力，并出现拒食现象。

让孩子自己吃饭

孩子在 1 岁 3 个月到一岁半时，对自己拿匙吃饭颇有兴趣，也最容易学会自己吃饭。过了这个关键时期，他会失去兴趣，只想让大人喂。父母可以先给孩子准备一套适合其身高的桌椅和孩子喜欢的一些餐具，这样孩子对自己进餐更有兴趣。

孩子开始学吃饭，还离不开成人的帮助。父母要多示范，还可多带孩子玩一些会运用到手腕的游戏，如铲沙子，增加手腕的灵活度。创造机会让孩子与其他孩子一起用餐，增强孩子观察、模仿的意愿，尽快学会使用汤匙进食。

给孩子提供独立进餐的食物时，要避免易噎着的食物，如整粒的葡萄，果仁等。对一些较大的面食，应事先切成小块，以使孩子安全进餐。父母可在地面、桌上铺些纸或布，减少清理的麻烦。

对孩子而言，自己吃饭不仅仅是吃而已，还是一件新奇、好玩的事。有些父母担心孩子弄脏地板、衣服而自己喂孩子吃饭，剥夺了孩子练习的机会。其实让孩子学会自己进食，比桌椅、地面的清洁要来得重要。

杜绝一些不良喂养方式

拒绝零食，不拿吃饭做交易

有些父母为了弥补孩子主餐进食量的不足，本着吃一口是一口的原则，在非进餐时间以各种零食补充，这样孩子容易养成饮食不规律和乱吃零食的坏习惯。大多数零食都含有添加剂，长期食用会影响身体健康；吃零食造成的饱腹感也会影响孩子在正餐时间的食欲，所以从开始就禁止零食是必要的。但完全避免所有零食也不太可能，父母可以选择一个适当的不影响正餐的时间，给孩子吃一点补充性的零食，如糕点、饼干等，但一定要限时限量限品种。平时也不要把零食放在孩子面前，更不要当着孩子的面吃零食。

另外，在孩子拒绝吃饭时，一定不要用零食或其他方式"贿赂"孩子吃饭，经常性的"贿赂"会使孩子养成一种与父母讨价还价的不良习惯。

拒绝边吃边玩

一些父母为了让孩子坐下来吃饭，让孩子边看电视边喂饭，也有的边讲故事边喂饭，还有的追着赶着喂饭，久而久之，孩子养成了一顿饭要吃很长时间的习惯。

父母要想方设法让孩子爱上吃饭，如给孩子提供合适的餐具，吃饭时关掉电视机，收好让孩子分心的玩具，尽量将饭菜烧得好看好吃等，帮孩子养成良好的就餐习惯。绝不能放任孩子不老实吃饭，更不能用玩促吃。

不要强迫孩子多吃饭

有些父母特别是祖辈生怕孩子没吃饱，一旦孩子某餐饭量没有达到平时的水平就会着急，一定要强迫孩子吃完。于是，我们经常看到大人追在孩子屁股后面喂饭的情形。其实孩子的食欲不是每餐都很好，有时吃的少些也是正常的。逼迫孩子吃饭会让他对吃饭这件事情产生厌恶感。

少吃果汁多喝水，保证饮用奶制品的质量

果汁（非鲜榨）的主要成分是糖分和水，也可能会含有不利于孩子健康的添加剂。喝了太多果汁的孩子有可能发育不良，并导致腹泻、龋齿等。果汁里一旦含有危害孩子健康发育的添加剂或激素，还可能导致孩子性早熟。

每天吃点水果并多喝水比只喝果汁要好得多。水果含有丰富的维生素及其他营养素，水可以促进身体发育中的新陈代谢。

尽量为孩子提供鲜奶或保鲜奶；如果为孩子提供奶粉，一定要注意生产厂家及奶粉的质量。

小贴士　一岁宝宝吃什么？

一般一岁以后的宝宝一天应该有规律地吃三餐，再加上午、下午各一顿点心。三餐需要保证以下四大营养品类的摄入，和我们大人一样：

（1）红肉、家禽肉、鱼肉、蛋类；

（2）牛奶、酸奶、奶酪；

（3）水果、蔬菜等；

（4）谷类食物，包括大米、小麦、玉米等。

关于一岁之后的宝宝是否可以喝牛奶的问题，美国儿科协会建议，一岁以后就可以给宝宝喝牛奶了，当然如果是母乳喂养则可以继续给孩子喂母乳。这里的换奶主要是针对喝奶粉的宝宝。尽管如此，转换牛奶还是有两大前提：

（1）宝宝大部分营养已经靠三餐摄入了。如何判断呢？最关键的就是每餐是否都可以摄入四大营养品类，一日三餐是否很规律了。换句话说，辅食是否已经过渡到正餐了。

（2）每日的奶量不超过500毫升。牛奶比奶粉含有更大颗粒的蛋白分子，过量的牛奶摄入对宝宝的肠胃和肾脏会造成负担。

2. 养育作息规律好宝宝

虽然贝贝已经1岁多了，但是她的睡觉问题一直以来都是爸爸妈妈的一大心病。贝贝不肯安安静静入睡，总是习惯晚睡，晚上睡觉爱打滚，半夜还总容易醒，非要缠着妈妈，不肯自己在小床上睡。

睡眠是孩子身心发展的重要保障，没有充足的睡眠，就无法保证身体的健康发育。对1—2岁的孩子来说，不光得保证早睡，而且每天最好有10~12个小时的睡眠时间。

早睡早起，保证充足的睡觉时间

现代人晚上入睡时间普遍推迟，11点、12点入睡算正常，很多人经常要到凌晨才睡。但是对家有小宝的父母来说，可不能把这个坏习惯传染给他。孩子睡得太晚，会阻碍生长激素的分泌，对孩子的身高发育产生不良影响。一般来说，晚上8点钟左右就可以让孩子上床睡觉。你只需要睡前陪陪他，讲个故事，或者放段轻音乐，孩子很快就会睡着。有些孩子容易在半夜惊醒，不要担心，你只需要轻轻哄哄他，他很快就又睡着了。

白天的睡眠习惯也很重要

对 1—2 岁的孩子来说，白天的睡眠也是很重要的。因为孩子白天的活动量比较大，白天的睡眠能够帮助孩子恢复精力。

孩子一岁半以前，父母可在每天上午和下午各安排一次睡觉时间，上午可安排在 10 点左右，下午可安排在 3 点至 4 点间。一岁半以后的孩子只需在中午安排一次午睡就可以了。经过多次训练，孩子就会形成在规定时间入睡的生物钟反应。午睡时间一到，他很快

就会进入甜美的梦乡，一般一个半小时或两个小时后才会醒来。得到充分睡眠的孩子心情会很愉悦，大多不会有起床气。

养成固定的睡前习惯

养成一套固定的睡前习惯非常重要。比如睡前先喝奶，接着洗脸、洗脚，再换纸尿裤、换睡衣，然后上床、关灯、讲故事、睡觉。每天都是这套程序，等孩子习惯了，只要一喝奶，他就知道要睡觉了，自己就会乖乖配合。

另外，可以让孩子带一些熟悉的、能让他产生安全感的东西一起睡觉，比如说喜欢的布娃娃、汽车等。

改变不良睡觉习惯

有些孩子 1 岁前养成了用摇篮（车）晃动、在父母怀里入睡、摸着母乳或嘴含橡胶乳头入睡等习惯。如果突然间失去这些催眠手段，孩子就会长时间不睡，甚至哭闹。父母要有意减少这些手段的使用，到了孩子出生后的第二年，应该完全停止使用这些方法。对已经养成了这种睡眠习惯的孩子，可以采取逐步减少使用的办法来改变孩子的不良睡眠习惯。

3. 养育卫生好宝宝

父母的清洁习惯会对孩子产生很大的影响，例如，父母早上起来刷牙、洗脸后再帮孩子刷牙、洗脸，饭前和孩子一起洗手，睡前再和孩子一起刷牙、洗脸等，这些会给孩子以积极的影响，并使孩子渐渐养成习惯。

口腔清洁

孩子 2 岁左右，大部分乳牙已经萌出。乳牙是重要的咀嚼器官，健康的乳牙能够帮助孩子将食物嚼得更细，从而有助于消化。同时，健康的乳牙有助于孩子正常发育。如果孩子的乳牙出现龋齿或早掉，会导致恒牙萌出时间推迟、排列错位等问题，给孩子带来疼痛，甚至影响孩子面容。因此，父母要重视孩子的牙齿保护，做好口腔清洁。

每次吃完东西以后，给孩子喝一点白开水，冲去残留在牙缝中的食物残渣，或是在早晚用纱布蘸凉开水，轻轻擦一擦孩子的牙齿就可以了。孩子 2 岁左右，可以训练他饭后漱口，起到清洁口腔的作用。父母应有意让孩子看到大人饭后漱口和早晚刷牙的动作，以便让孩子学习和模仿。

饭前便后洗手

孩子的手在一天中总是不停地摸这儿动那儿，不可避免地会沾染大量细菌。特别是这个时期的孩子，吃什么东西都喜欢用手抓，如果便后不洗手或不洗手就拿东西吃，就会把黏附在手上的细菌随食物一起吃到肚子里，引起胃肠疾病，所以父母一定要在孩子大小便以后和吃饭前帮他们洗干净手，防止病从口入。

快乐洗澡

经常洗澡，能保持孩子皮肤清洁，有利于孩子身体健康。1岁多的孩子大多很喜欢洗澡，对他们来说洗澡就像一个有趣的游戏。不过，父母一定要注意孩子洗澡的安全，如果洗澡时遭遇了危险，会让孩子害怕洗澡，还可能造成孩子安全感的缺失。

为孩子洗澡时，成人动作要轻快柔和。洗头时尽量避免水流进孩子的耳朵或眼睛。要让孩子感到舒适、安全，不害怕，不拒绝，乐于洗澡。成人可一边给孩子洗澡，一边抚摸逗引，并配合有关的语言；也可以让孩子边洗边玩玩具，或是给孩子一块小毛巾捏弄着玩，使他觉得洗澡很有趣，也愿意配合成人的动作。逐渐地，孩子会积极参加清洗，模仿成人擦肥皂，用手撩水在身上搓洗。洗好后，不要急于将孩子抱出水，可以让他在水中玩一会儿，拍打水玩，让水发出声音、溅起水花，孩子会很开心，以后就会愿意洗澡。

有些父母对孩子在浴池里玩耍感到厌烦，甚至还斥责孩子。有了这种体验的孩子会逐渐厌恶洗澡，甚至不愿进浴池。孩子在浴池中玩水、淘气，时间多少有点过长，但为了让孩子养成喜欢洗澡的清洁习惯，父母还是应该适当满足孩子的玩耍愿望。

如厕训练

很多父母对孩子大小便问题很敏感，很早就对其进行排便习惯训练，其实这是不必要的。孩子的发育有快有慢，因此，对排便习惯的训练应根据每个孩子的成长规律来进行。

小贴士　什么时候开始如厕训练

英国的马克·顾劳博士有关孩子排便训练的研究表明，孩子大小便训练的效果与训练开始的时间并无太大关系。当下面几个条件都具备时，即可开始大小便训练了。

——排便有规律，大便柔软。

——能把裤子拉上拉下。

——模仿别人上厕所的习惯。

——排便的时候有反应，如会哼哼唧唧、蹲下或告诉父母。

——会说表示小便或大便的话，如尿尿、臭臭等。

——能够执行简单的指令，如"把玩具给我"。

——尿布湿了或脏了之后，会把尿布拉开，或跑过来告诉父母尿布脏了。

——能爬到儿童马桶或成人马桶上。

——尿湿尿布的时间间隔变长，至少3小时。

——会研究自己的身体器官。

在决定如厕训练之前，最好对照一下基本清单，看看孩子是不是已经准备好了。要等到孩子真正准备好再开始训练，这样，整个训练过程对父母和孩子来说，才不会艰难而痛苦。

掌握孩子大小便规律

1岁以后孩子每天小便10次左右，大便次数一般为每天1~2

次。有的孩子 2 天 1 次，如果很规律，大便形状也正常，父母不必过虑，这属正常现象。

不斥责孩子

即便孩子大小便失禁，也不要责骂或惩罚。要绝对避免给孩子这样一种观念：产生大小便就是脏的、害羞的、不好的。如果孩子形成这样一种观念，即使产生了便意，他们也不会告诉大人。

用孩子听得懂的语言

要用孩子听得懂的简单语言，教孩子用语言表达上厕所的需求，以及教他如何上厕所。每天可有 2 个小时不给孩子穿尿布，让孩子自己走到便盆处排便。另外，要训练孩子自己脱内裤排便等习惯。

好玩的如厕体验

1 岁后就可以正式给孩子准备一个可爱的坐便盆了，让孩子有兴趣在上面坐一坐，用坐便代替把尿、把便，这等于告诉孩子，大小便要在固定的地方。慢慢地，孩子只要有了便意，就会到自己的小便盆边，发出大小便的信号。大便要控制坐桶的时间，一次最好不超过 5 分钟。便盆的样式、功能不要太花哨，以免过多吸引孩子的注意力，反而不能专心尿便。

不强迫如厕训练

如厕训练，即使在生理成熟的基础上，如果尝试训练 2 周以上仍不能奏效，就该适时停止一段时间（一般在 1 个月以上）再重新开始训练。父母需要放松心态，1—2 岁的孩子，即使不能撤掉尿布，对将来的成长也不会有很大影响。孩子控制尿便的神经与肌肉，通常在 18~24 个月才会发育成熟，在此之前刻意训练孩子尿便，往往效果不佳，还会引起孩子的逆反与抗拒行为。

总之，生活习惯的养成需要时间，教育孩子时父母一定要有耐心，要做好长时间等待的思想准备。不要拘泥于一些育儿手册上规定的正常值或标准，孩子一旦达不到标准就担心、斥骂，这样做的结果往往会适得其反，很可能让孩子产生自卑感。到了反复巩固阶段，一些生活技能，孩子早半年掌握或迟半年掌握，均无大碍。孩子发展的情况各不相同，有突然取得突破性进展的，也有停滞不前甚至回到早先水平的，孩子就是在这种不断反复之中，一点点地前进。

回顾与思考

　　1. 1—2 岁的孩子每天进餐几次为宜？需要保证哪些方面的营养？

　　2. 你的孩子一天睡几觉？你是如何哄孩子入睡的？

　　3. 你觉得你的孩子可以开始如厕训练了吗？

　　4. 如何给孩子进行如厕训练？

10

第 十 章

你问我答

1. 孩子咬人怎么办?

1岁6个月大的毛毛突然变得"凶"起来了,像一只爱咬人的小狗。在游乐场玩木马的时候,有其他孩子要过来玩,他会用力去推,发现推没有用他就去咬人。有时候我们家长不答应他一些不合理的要求,他就要咬我们。到外面玩时,他还会冷不丁地咬其他小朋友。这种到处乱咬的情况真是让人担心。

1岁多的孩子发生咬人的行为并不奇怪。有些孩子是因为处于长牙期,牙龈会痒,忍不住想咬东西。父母可以为孩子准备磨牙棒、苹果条等食物,恰当地使用,以满足他的磨牙需求。

孩子咬人也可能是情绪的一种宣泄,当孩子感到不满、紧张、害怕、愤怒时,都有可能通过咬人来发泄。当孩子出现负面情绪时,父母可以用游戏或其他事情转移他的注意力,还可以教孩子用身体语言、表情以及简单的语言表达自己的意愿,比如饿了想吃可以用手指指嘴,想出去玩就去拍门之类的。另外,保证孩子充足的睡眠。睡眠状况比较好的孩子一般情绪比较稳定,较少发生咬人这样的攻击性行为。

咬人也是孩子争夺与保护玩具的一种策略。在婴幼儿期,孩子的自我意识较强,自己的物品不愿意与同伴分享,在争夺中,由于孩子缺乏语言沟通能力,会运用手、脚甚至以咬人等动作来解决问题。这种情况下,父母可以将孩子暂时拉开,或者给孩子另外的玩具。有些父母因为害怕孩子之间的冲突而刻意减少孩子与同伴的相处时间，其实这样做是不妥的。把孩子整天关在家里，容易使他们形成孤僻的性格，更不利于孩子社会性的发展。

总之，一旦发现孩子有咬人行为，父母首先要做的是去分析这种行为背后的原因，然后采取针对性的办法。当然，咬人行为毕竟是一个很危险的举动，若孩子屡教不改，父母也可以对孩子采取一些惩罚，比如单独隔离几分钟。

2. 孩子喜欢和大人对着干怎么办？

豆豆一天天长大，越来越有自己的想法，在家里和我们"对立"得越来越厉害。有时候出门我们让他慢点走，他非要跑；到吃饭时间叫他吃饭，他却不肯来吃……总之，很多事情上都和我们对着干，总是对我们说"不""不要"，非要按照他自己的意思来。

1—2岁的孩子自我意识逐渐增强，能力也逐渐发展起来了，他们对很多事情都产生了自己来做的愿望。但父母往往认为孩子年龄小，做事情速度慢，做不好又容易出危险，所以经常包办代替，常常用"不行""不准""危险"等来限制孩子的行为，而孩子希望自己的行为得到认同和不受限制，因而会产生反抗意识，以此来寻求表现的机会。

当这一现象出现时，父母应该感到欣喜，因为这说明你的孩子长大了，开始有了自己的想法，应给予理解和支持，这是培养孩子自理能力的开始。

给父母的建议：

给孩子机会自我服务（自己的事情自己做）。例如，当孩子要求自己吃饭时，父母可以给孩子系上围兜，在餐桌上铺好餐垫，给孩子可以捏握的小调羹、餐碗，既满足了孩子的需求，又避免了弄脏衣物的麻烦，让吃饭变成一件愉快的事情。

对于孩子过分的抗拒行为，父母可采取忽视的态度，淡化孩子的强烈反应；或者通过转移孩子的注意力，或采用回避等方式忽略孩子无理的行为，使孩子感觉到自己的反抗毫无意义，从而逐渐消退自己的抗拒行为。

总之，不要把这个年龄段孩子的"叛逆"行为看得过于严重，这是孩子表达自我的一种方式。

3. 为什么孩子特别喜欢丢东西？

宝宝刚满 1 岁，最近一段时间老喜欢丢东西，坐在餐椅上，能把我给他的玩具或者勺子丢得满地都是。我帮他捡起来，他又丢，一边丢还一边兴奋地咿咿呀呀大叫。我只能强压怒火——难道是这小子在故意挑战我吗？！

1 岁左右的小朋友有这种行为非常正常。通常情况下，他们扔东西的行为会在正常的成长过程中逐渐消失。

宝宝做出这种令人生气的行为，爸爸妈妈大都会立即制止。可是假如我们能够明白孩子的这种行为是短暂发生的，是孩子在这个年龄段独有的特征，并不是"故意为之"，就能心平气和一点了。

其实，这是宝宝在手的能力越发成熟后探索世界的方式。他们开始发现自己的动作和物体运动之间的因果关系，也发现自己对一些物体有掌控力；而且，在扔东西的过程中，他们也在探索空间。不管是从上往下扔，还是从近处往远处扔，他们都在逐渐丰富自己的空间认知。

每一个健康的孩子与生俱来就有一种会用自己双手反复探索并体验外在世界的本能。类似的行为，如喜欢撕纸、玩水、玩沙子等，都是宝宝与环境的真实连接。他们正在试图通过自己双手的探索来协调大脑和身体的关系，发现外在世界并建构属于自己的内在世界。认识到这些，我们才能更好地理解孩子、尊重孩子。

只要不是威胁安全的问题，你不必马上制止宝宝扔的动作，也可以选择适当忽略，给他一些探索的空间和时间。还可以通过一些扔或投掷游戏来帮助宝宝更有目的性地满足需求，和他一起玩玩球等都是不错的选择。

4. 孩子好动，精力太旺盛，怎么办?

我家的孩子特别爱动，感觉除了睡着了，其他的每时每刻都歇不下来。孩子太好动，精力超旺盛，我们真是担心他是不是患有多动症，怎么办?

孩子好动，总是有用不完的精力，这是大多数孩子的天性。由于孩子大脑发育不成熟，对事物的注意力集中时间很短，因此总是动个不停。好动也可能是气质使然。不同气质的孩子表现不一样，有的孩子天生喜欢蹦蹦跳跳，爬上爬下动个不停；有的孩子则动作斯文，安安静静地坐在一旁。气质有不同，但无好坏之分。

给父母的建议:

冷静地分析孩子好动的原因（很多孩子都是因为没有感兴趣的事，自寻快乐）。

要有平常心，对孩子多一些理解，少一些盲目，不要轻率地给孩子贴上"儿童多动症"的消极标签。

为孩子选择感兴趣的安静类活动，如讲故事、搭积木、拼板、画图等，让孩子静下心来活动。

每个孩子天生的气质类型不同，有的孩子属于胆汁质类型，反映在日常的活动中就是精力非常旺盛。父母如果了解自己孩子的气质类型，可以引导孩子做一些能释放精力和能量的游戏，比如户外的运动游戏，在家可以让孩子做自己的小帮手，让孩子看似消极的多动行为变得更加积极和有意义。

5. 宝宝不爱睡觉怎么办?

我的宝宝就是传说中的"睡渣",平时虽说很乖,但只要一到晚上睡觉的时间就各种磨磨蹭蹭、哼哼唧唧。白天睡眠很不稳定,有时候一个小觉能睡很久,有时候又特别精神,眼睛睁得大大的,大人做什么都想看,好像对什么都感兴趣。晚上一般不磨到12点之后不入睡。都说宝宝每天要有足够的睡眠才能保证正常生长发育,这样下去真不知道该怎么办!

1岁左右的宝宝不爱睡觉通常有很多原因,你可以对照以下的情况帮助宝宝来做调整。

不累,白天小睡太晚或者时间太长。如果宝宝晚上一直很磨蹭,各种扭捏翻腾甚至哭闹,一点没有要睡觉的意思,多半是因为白天小睡时间太晚了,或者一睡就两三个小时,精力都还没来得及消耗,就要进入夜晚的睡眠了。

你要做的是:把白天小睡的时间提前,如果宝宝还需要睡两觉,可以把早上的小觉时间安排在9点左右入睡,下午的安排在1点左右入睡。宝宝醒来以后,带着他出门走走,或者运动一下。

太过疲劳,错过了本该入睡的时机。没错,别以为太疲劳就会困了。宝宝疲劳过头就会再次变得清醒，使自己进入一个兴奋不睡觉的状态。之所以在晚上睡不着，是因为早在几个小时以前，他就产生困意却没能入睡。身体超负荷运转后，就会呈现哭闹不止或者过度活跃的状态。

你要做的是：只有一个办法，就是让他早睡。随时留意孩子，一发现他有困意，就让他睡觉。

一些精力格外旺盛的宝宝永远有使不完的劲，他们眼中的世界是充满乐趣和运动的，整天爬来爬去都不嫌累。

你要做的是：给他设置一项规律有趣的睡前活动，不要有任何刺激、新鲜的玩具或项目。

外界的声音和环境的干扰。有些孩子听到声音就会睡不着，好奇心会驱使他们迫切地想知道到底发生了什么。精神一起来，哪里还睡得着！

你要做的是：在宝宝躺下后，调暗房间的灯光，保持安静，播放白噪声或舒缓的音乐，掩盖部分噪声。

6. 孩子害羞，不愿意和别人打招呼怎么办?

萍萍是个文静内向的小姑娘，乖巧懂事，可就是不愿意和人打招呼。在家除了和我们、爷爷奶奶打招呼外，每次出门遇到熟人，让她问好打招呼她都没有反应，路上遇到和她一起玩过的小伙伴也不打招呼。我们反复告诉她遇到熟悉的人要主动打招呼，可在孩子身上就是不起作用。

有的孩子碰到人会把头扭到一边，不愿意打招呼；有的孩子即使打招呼，也很小声。孩子不愿意打招呼可能有以下原因：

有的孩子天性胆小和害羞，他们对陌生的环境和陌生人需要较长时间的适应，面对陌生人的友好示意不知道怎么应对。

有的孩子总是被父母要求打招呼、要"叫人"，时间长了，孩子出于逆反的心理，会故意不理会别人。

有的孩子可能受过人为的惊吓，如某些成人出于逗孩子的目的故意吓孩子，导致孩子不愿意和人打招呼。

给父母的建议：

对于天性胆小和害羞的孩子，一方面，父母可以适当增加孩子和其他成人接触的机会，如经常带孩子去邻居家做客，多带孩子在小区或公园里玩，让孩子多适应有陌生人的环境，逐渐减轻孩子见到陌生人的压力；另一方面，作为家长，我们在带孩子外出的时候，自己主动去向别人问好打招呼，做孩子的榜样。

对不爱和别人打招呼的孩子，也不要太关注，给他们时间，让他们慢慢适应，让孩子体验交往的乐趣才是最重要的。成人也不用指责孩子的行为，以避免强化孩子的消极行为。

7. 孩子太黏人，害怕和大人分离，怎么办？

悠悠都快一岁半了，可每次我要出门上班，她总是拉住我的衣服不让走，一边哭一边说"妈妈不要"。平时即便在玩的时候也是一边玩一边看着我，我也注意观察了别人家的孩子，都没有这种情况，孩子这样正常吗？

1岁左右的孩子还没有独立生存的能力，依赖父母的保护，当与父母分开的时候，他们常表现出分离性焦虑。他们在独处的时候总是表现出小心翼翼、踌躇不前的样子，甚至用各种表现吸引父母的注意来协助他完成正在做的事。这些都是孩子缺乏安全感的表现。

安全感是孩子建立良好品格的第一步，对孩子日后的发育及成长都有重大影响。因此，父母应该注意从小培养孩子的安全感。

给父母的建议：

给孩子提供安全、稳定、温馨的生活环境。孩子如果生活在充满言语冲突甚至是肢体冲突的环境中，他们会猜测，爸爸妈妈是不是不爱我了，他们会不会离开我，从而产生强烈的不安与恐惧，不利于安全感的建立。因此父母要为孩子营造稳定、和谐的家庭氛围。

陪伴孩子。在孩子心中，父母是不可或缺的。可有些父母因为工作应酬或其他方面的原因，无法陪伴孩子，将他们交托给保姆或长辈看管，而自己却难得与孩子见面。这样一来，孩子的安全感自然也就无从建立或培养了。

训练分离。父母出门前要预告：妈妈要离开一会儿，5 分钟后就回来。等妈妈回来后，鼓励、感谢孩子的等待，并且告诉孩子自己刚刚去哪里了。经常做这样的分离练习，有助于孩子学会预期父母的离开和返回，并学会自我消遣等待父母回来。

8. 孩子吃零食到底好不好？

浩浩的胃口一直不是很好，每次饭菜吃的都不多。我们担心影响孩子的健康，就给孩子买了一些酸奶、小饼干之类的零食。没想到孩子吃上零食后就一发不可收拾，每天都惦记着吃零食而不好好吃饭，不给零食的时候还和我们发脾气。这种情况和我们当时买零食的初衷完全背离，现在真不知道到底是买还是不买，如果要买，又要怎样才能不影响孩子正常的吃饭呢？

1—2 岁的孩子胃容量较小，进食有限，往往在一次进食后很快就会感到饿。适当地为孩子准备一些零食，可以补充缺失的热量和营养，使孩子不至于那么快就感到饥饿。另外，零食还能调剂食物的口味，吃零食时的那种悠闲心态也是正餐时所没有的。因此，没有必要完全禁止零食，处理零食问题的关键是要做到适时、适度，另外还要注重品种的选择。

给父母的建议：

在合适的时间吃零食。很多父母不太注意为孩子安排零食的时间，总是让孩子在吃饭前吃零食，因为这时孩子容易饿，而父母往往还没有做好饭菜。这样一来，零食与正餐之间的时间很短，势必会影响到孩子的进食量，也会打乱孩子的饮食规律，形成恶性循环。因此，给孩子零食的时间一般应安排在正餐饭后或两顿正餐之间。

注意品种的选择。为孩子选择零食时要注意，水果当属首选。水果既能帮助消化，又能补充各种维生素。而一些过分甜的食品、热量过高的食品，如冰激凌和糖果等不宜选择，不能把它们作为日常备用的零食。

父母不要滥用零食来哄劝孩子。当孩子表现好时，不要利用零食来奖励他，这会让孩子觉得零食是奖励品，是非常好的东西，这样在无意间会强化他吃零食的习惯，并使他学会用吃零食来与父母讨价还价。

9. 孩子特别胆小怎么办?

雯雯性格比较胆小软弱，平时我们带她出去和小朋友一起玩，她经常会躲在妈妈后面。即便是和熟悉的孩子一起玩，别的孩子拿了她的东西，她只是眼睛看着，不敢去从别人那里拿回来。她胆子特别小，有一点点危险的事情都不愿意去尝试，该怎么办?

胆小的孩子往往表现出畏首畏尾、缺乏独立性、过分依恋、在生人面前不敢说话等。这种性格的形成往往有先天和后天两方面的原因。

生理因素。有的孩子体弱多病，经常感到身体不适，经常上医院求诊，用药较多，这种孩子的身体素质较差，往往缺乏自信，容易形成胆小内向的性格。

家庭教育方法不当。有些孩子在家里不听父母的话、哭闹或不好好吃饭时，父母就用孩子害怕的语言吓唬他，如"再哭就把你扔出去喂老虎"；有的孩子不睡觉，父母藏在门后学老猫叫；有的孩子想玩泥巴，父母怕孩子弄脏衣服，就说"泥里有虫子咬人的手"；等等。用这些语言恐吓孩子，孩子没有安全感，长此以往容易形成胆小怯懦的性格。

日常生活中对孩子限制过多。如父母带孩子到公园玩时，怕有危险，不让孩子去爬山、玩碰碰车，使得孩子无法从尝试与实践中获得体验，这也是造成孩子胆小怯懦的主要原因。

环境及其他影响。有些父母的生活单调，平日接触的人少，导致孩子缺乏与人交往的机会，从而造成不爱说话、腼腆怯生等性格特点。

给父母的建议：

要让性格怯懦的孩子多接触外界的事物，多认识世界，多与同伴交往，鼓励孩子去探索与尝试，从实践中培养孩子的勇敢精神。让孩子多接触同伴，锻炼自己。鼓励孩子经常和胆大勇敢的小伙伴在一起，跟着去做一些平时不敢做的事，耳濡目染，慢慢地得到锻炼。

多表扬孩子，不当众揭孩子的短。相对来说，性格软弱的孩子比较内向，感情较脆弱，父母尤其要注意保护孩子的自尊心。当孩子认真做事时要大力表扬，增强其自信心。

让孩子大胆地说话。父母应该特别注意自己的言行，不能用打骂、责备的方式逼迫孩子说话；也可以邀请一些同龄小孩一起参与集体活动，这时父母可以回避，让他们有一个自由的语言空间。

10. 孩子爱发脾气怎么办?

我们家昊昊人小脾气大，很多情况下，如果爸爸妈妈不能满足他的意愿，就会发脾气。不只会哭闹，有时甚至还会坐在地上要赖。面对这种情况，我们有时候也试着不理会他，可看着他一直在哭闹，还是不忍心，会去哄他，可这样反而让他脾气越来越大，有事没事都冲人发脾气。我们现在都觉得头大，不知该怎么处理。

1—2 岁的孩子脾气暴躁，有点任性，可能是以下原因导致的：

父母不当的教育方式。表现为无原则地迁就孩子的无理要求，或开始尚能坚持原则，但在孩子的一再吵闹下，又不得不妥协，从而助长了孩子的暴躁脾气。一些父母被孩子烦得自己也大发脾气，结果成为孩子模仿的"榜样"。

孩子的自控能力发展尚不够好，意志力比较薄弱。

孩子由于语言表达能力比较弱，当需求得不到满足时，他们很难通过语言和父母沟通，往往只能通过发脾气表达自己的不满情绪。

孩子身体有不舒适时，也可能发脾气。

给父母的建议：

要改变孩子乱发脾气的毛病，最根本的一点是父母应改变自己的教育方法，既不可一味迁就，也不可"以暴制暴"，应切实了解孩子的情感和要求，该满足的要满足，不该满足的要坚决拒绝。当孩子发脾气的时候要学会用巧妙的方法引导他。

父母要调整好自己的情绪。给孩子一段慢慢冷静的时间，如果父母未能调整好自己的情绪而导致情绪过激或者愤怒发火，孩子会受到更大的刺激，也会很难平静下来。

转移注意力。寻找有趣的玩具或孩子感兴趣的游戏转移孩子的注意力。

暂时回避。先对孩子的无理取闹不予理睬，待其冷静下来，再给他讲道理，教给他正确表达情感的方式。可以和孩子一起制定赏罚分明的规则，规定孩子发脾气是得不到奖励的，并会失去某一次机会（如看最喜欢的电视节目、玩玩具等）。

如果是因为疲倦了，则应安排孩子休息；如果是生病了，则应安抚孩子并及时带孩子去医院。

11. 如何才能改掉孩子吸吮手指的习惯?

欣欣不知道什么时候有了吸吮手指的习惯,一看到她将自己的手指放进嘴里吸吮,我们都会及时提醒她,可效果甚微。我们很担心,吸吮手指会影响孩子的健康吗?我们该怎么做?

吸吮手指是坏习惯,对孩子的健康危害极大。因为手指和指甲缝中存有很多病菌,在孩子吸吮手指时,容易把它们吸入体内,从而引起胃肠道疾病;长时间吸吮手指,还会刺激手指的局部软组织,使之增生变形。因此,父母要防止孩子养成吸吮手指的习惯,如果孩子在无形中已经养成了习惯,父母要耐心帮他改掉。父母应从及时满足孩子的生理和心理需要入手,减少孩子的焦虑感。

给父母的建议:

用玩具占据孩子的手。给孩子提供充足的可供探索的玩具,引逗他去拿,占据他的双手,使孩子没有机会去吸吮手指。

转移孩子的注意力。多带孩子到户外活动,开阔眼界,分散注意力。当孩子忍不住吸吮手指时,可以用新奇的东西或做亲子游戏来转移他的注意力。切不可使用打、骂、恐吓,或用辣椒、黄连涂抹手指等办法,这样会伤害孩子的身心健康。

对孩子进行抚触。部分孩子过分吸吮手指、咬指甲,常常是触觉防御过度引起的。因此可以对孩子进行皮肤触觉训练,这样不仅能够改善孩子吸吮手指的坏毛病,而且能激发其快乐情绪,培养他的专注力和观察能力。

12. 如何引导孩子用恰当的方式吸引别人注意?

朗朗一岁半了,我们发现他常常是以"自我为中心"的。最近发现他有些人来疯,喜欢用一些方式,比如尖叫、到处跑来引起别人的注意,有时候大人们讲话时他会大声唱歌或是打断大人们的说话,有时候还会不分时间、地点、场合地又哭又闹、耍赖、撒娇、乱发脾气、打砸东西,感觉就是大人们都要围着他转才满意。

一开始,孩子是不知道采用什么方式才能吸引别人对他的注意的。于是,他开始尝试通过各种各样的途径和手段,并精心地试探、筛选,看看哪种方法可以最有效地吸引父母对他的关注。父母在听到孩子语调平静地呼唤自己的时候,大多会认为孩子没有哭闹,应该没有什么着急的事情,就漫不经心地敷衍他。孩子会改用其他的方式吸引父母注意。孩子发现父母总是在他大哭大闹的时候才理睬自己之后,就会自然而然地将哭闹作为召唤父母的最佳手段。

我们可以这样认为:孩子为了达到自己的目的,让父母满足自己的要求,不分时间、地点、场合地又哭又闹、大喊大叫、耍赖、撒娇,甚至乱发脾气、打砸东西等,是由父母的某些做法所促成的。

给父母的建议：

父母要积极回应孩子。虽然父母白天工作已经很劳累，但是回到家里，面对孩子向你提出的需求，不要感到不耐烦，应该和善地给孩子一个交代和说明。要知道，你的孩子已经一整天没有得到父母的温情了，他正期待着来自父母的关心和注意。父母应该利用这个时机，引导孩子了解怎样的表现才能得到父母的关爱和注意。当孩子用好的交往方式表达出愿望时，父母要及时、认真地做出回应，用微笑的表情、温柔的抚摸表示对他的注意，使孩子感觉到父母真的很欣赏自己的这种行为。

对消极方式的冷处理。若孩子是采用哭闹等消极的方式来吸引父母的注意，父母一定不要理他。几次之后，孩子知道再怎么闹也是没有用的，他就会自己放弃哭闹的手段。

父母对于无理取闹要有一致的态度和做法。在孩子闹过之后，父母要坚决地、明明白白地告诉孩子，爸爸妈妈不喜欢他的这些行为，无理取闹根本不能成为吸引爸爸妈妈注意的好方式。一定要使孩子懂得在这一类的问题上，家里大人的态度和口径是完全一致的。

13. 孩子有恐惧心理，怎么克服？

轩轩快两岁了，见识和懂得的事情越来越多，按道理说胆子应该越来越大。但实际上，和以前相比，孩子感到害怕的情况却越来越多：恐龙、黑夜、陌生人、故事书里的怪物等都会让他感到害怕，晚上都要爸爸妈妈陪着他才能入睡。父母该如何帮助孩子克服恐惧心理呢？

儿童心理学的研究表明，导致孩子产生恐惧心理的原因主要有以下几个方面：

一些父母为了避免孩子遭受意外伤害，对孩子照顾得分外精细，甚至限制孩子的外出活动。殊不知，这样做减少了孩子与外界接触的机会，使其缺乏与人交往的经验，容易导致孩子形成胆小怕事的性格。

很多父母在教育孩子的时候通常使用吓唬的方法，比如孩子哭闹时，父母用"鬼""狼"等东西来吓唬孩子。父母希望通过这种手段使孩子按自己的意志行事，结果却导致孩子产生了不正常的恐惧心理。

孩子的恐惧与其经验有密切的关系，一些痛苦经验的积累也会导致孩子产生恐惧心理。比如，有的孩子怕洗澡，那是因为他曾有过洗澡痛苦的经历；宝宝怕打针，是因为他有打针很疼的记忆。

给父母的建议：

给孩子树立良好的榜样。在孩子面前，对待恐惧的事物要显示出坦然自如、沉着勇敢的样子，这样才会给孩子增添克服恐惧的信心和勇气。

不要因为孩子害怕某些事物而惩罚或嘲笑他，在孩子克服恐惧时，有一点点进步的时候就要对其进行表扬和鼓励。

不要对孩子的恐惧做出过度反应，以免孩子在父母的惶恐行为面前变得更加惊恐不安，加剧自己的恐惧感。

帮助孩子消除对恐惧事物的不正确认识和神秘感，有助于克服其恐惧心理。

14. 要不要上早教班？

最近妈妈群里的妈妈们在讨论想给宝宝报个早教班。我和孩子爸爸一直对这件事不置可否，那么小的孩子去学那个有用吗？他听得懂吗？现在的孩子也真是挺可怜的，起跑线被设置得越来越早了。虽然也听说过宝宝3岁以前的发育很重要，但真的有必要去早教中心来帮助发育吗？

认知发展神经学家戴布拉·米尔斯说，早期经验塑造婴儿终身学习的大脑结构。人类大脑早期的可塑性正是对宝宝进行早期教育的理论依据。宝宝的视觉、听觉、嗅觉、味觉、触觉、模仿和运动能力等这些与生俱来的行为能力，是他们探索世界、接受早期教育的基础和条件。对宝宝行为能力的了解和认知，有利于家长探索适宜的早期教育的方法与技巧，促进宝宝神经系统发育，促进早期智力开发，帮助孩子完善独立人格和发展社会性。

很多宝爸宝妈还在孕期的时候就开始关心：要不要送宝宝上早

教？选择什么样的早教机构比较好？

提起"早教"这个词，大部分父母会马上联想到早教机构，仿佛早教只能在早教机构中进行。其实，早期教育包含的内容非常广泛。生活即教育，宝宝出生后接收到的所有信息，都可以视为早教的一部分。只要是能促进宝宝生理、认知、情感和社会化等方面发展的活动都是早教。所以，爸爸妈妈如果有能力自己通过一定的运动、活动和游戏给予孩子这些方面的引导，为孩子创造早期成长所需的丰富环境，早教就并不需要靠上早教班来实现。

15. 早教越多越好吗？

受一些闺蜜妈妈的影响，最近给宝宝买了很多家庭游戏道具，想给宝宝更多机会"学习学习"，闪卡啊、绘本啊、英文童谣CD啊、乐高玩具啊，都是我们将要涉猎的范围。既然早教在家里也可以做，那我总要安排起来，把家里爷爷奶奶、叔叔阿姨、姥姥姥爷都发动起来，一大家子轮番上阵，我就不信我的宝宝这样还能聪明不起来！

受急功近利的教育观的影响，许多人急于对宝宝进行"开发"，用各种刺激集中轰炸宝宝的感官，对宝宝进行过度的早期训练，我们把这称为"感觉轰炸"。这种"感觉轰炸"只会给那些还没有做好准备的宝宝带来负担，只会让他们退却并丧失学习和探索的兴趣。我们现在常常提到一个词——"高质量陪伴"。所谓的高质量陪伴，并不等于成人一刻不停地哄孩子、陪孩子玩或逗孩子，也不是不顾孩子注意力转移，一味强行互动。

实际上，早教应符合宝宝的发展特点，早教的方式和强度都应适当。有研究指出，太早让宝宝接受太多学习任务且目的性太强的话，很可能会破坏孩子的自我认知和自我评价。自我认知和自我评价对学习兴趣、学习动力及将来的长期发展都很关键。

父母应更加关心宝宝的身心健康，给予他爱和自由的环境，关心他的情感和社会性发展，为他营造一个均衡发展的空间，帮助他健全独立、自信、快乐的品格，而不是仅仅关心他在技能方面取得了哪些进步。

主要参考文献

1. 北京师范大学家庭教育课题组 . 1 岁孩子　1 岁父母（1~2 岁）[M] . 北京：现代教育出版社，2017.

2. 李明辉 . 0 ~ 3 岁育儿经典 [M] . 长春：吉林科学技术出版社，2014.

3. 粲然 . 骑鲸之旅：0—2 岁亲子共读不可不知的神奇魔法 [M] . 上海：译林出版社，2013.

4. 金扣干，文春玉 . 0~3 岁婴幼儿保育 [M] . 上海：复旦大学出版社，2012.

5. 鲁杰 . 帮父母读懂幼儿心：儿童心理解读与教养行为引导（0~3 岁）[M] . 贵阳：贵州人民出版社，2012.

6. 徐小妮 . 0~3 岁婴幼儿教养教程 [M] . 上海：复旦大学出版社，2011.

7. 费尔德曼 . 发展心理学——人的毕生发展：第 6 版 [M] . 苏彦捷，邹丹，等，译 . 北京：世界图书出版公司北京公司，2013.

8. 埃姆斯，伊尔克，等 . 你的 1 岁孩子 [M] . 崔运帷，译 . 南昌：江西科学技术出版社，2012.

后 记

　　《这样爱你刚刚好》是自孕期开始至大学阶段一套完整的新父母教材，全套共20册，0—20岁每个年龄段一本。之所以如此设计，是基于向不同年龄孩子的父母提供精准专业服务的需要。与常见的家庭教育图书相比，它不是某一位作者的个人体会和心得，而是40余位国内家庭教育专家集体研究和讨论的结晶，具备完整、科学的体系，代表了我国家庭教育发展的主流。

　　全国政协副秘书长、民进中央副主席、中国教育学会家庭教育专业委员会理事长、新教育实验的发起人朱永新教授，最先提出了编写如此庞大规模的新父母教材的设想，并且担任了第一主编。我和新家庭教育研究院副院长蓝玫一起，与中国青少年研究中心家庭教育研究所所长、《少年儿童研究》杂志主编刘秀英编审，中国青少年研究中心少年儿童研究所所长孙宏艳研究员和上海师范大学学前教育系主任、博士生导师李燕教授三位分主编，讨论并确立了本套教材的编写框架。

　　在中国的家庭教育领域，已经有多种多样的教材或读本，但水平参差不齐，而决定质量的关键因素是编写思想与专业水准。因此，新家庭教育研究院联合中国青少年研究中心和上海师范大学一起组建高水平的专业团队，来完成这一重大而具有创新意义的任务。具体分工如下：由上海师范大学学前教育系承担孕期及学前教育阶段的编写任务，由中国青少年研究中心家庭教育研究所承担小学教育阶段的编写任务，由中国青少年研究中心少年儿童研究所承担中学教育及大学阶段的编写任务。

孕期及学前教育阶段的作者是：孕期，上海师范大学副教授王晓芳，上海师范大学讲师赵燕；0—1岁，南京市江宁区竹山幼儿园教研主任陈露，小小运动馆课程总监杨薇；1—2岁，上海师范大学闵行区实验幼儿园教师胡泊；2—3岁，上海师范大学天华学院教师王英杰，上海市青浦区教师进修学院教师黄开宇；3—4岁，安徽池州学院教师吴慧娴，上海市宝山区吴淞成人中等文化技术学校教师吕芳；4—5岁，上海师范大学天华学院学前教育专业主任、副教授扶跃辉，上海师范大学天华学院教育学院院长助理张丽，王茜、潘莉萍、李艳艳、黄海娟、杨艳等教师参加编写；5—6岁，上海市闵行区莘庄幼儿园教师申海燕、陆夏妍。

我与刘秀英、孙宏艳和李燕三位分主编担任了审读与修改任务，在我突患眼疾的情况下，蓝玫副主编、首都师范大学副教授李文道博士承担了部分书稿的审读任务。第一主编朱永新教授亲自审读了每一册书稿，并提出了细致的意见，承担了终审的责任。

湖南教育出版社在黄步高社长的坚强领导下，不仅以强大的编辑团队完成了出版任务，而且创办了一年一度的家庭教育文化节，为推进我国家庭教育发展提供了强大的学术支持，展现了优秀出版社的远见、气魄和水准。

作为一个从事教育事业45年的研究者，我撰写和主编过许多著作，却很少有过编写新父母教材这样细致而艰巨的体验：从研讨到方案，从创意到框架，从思想到案例，从目录到样章，等等。尽管如此，这套教材还存在很多不足。同时我也深知，一套教材的使命，编写与出版其实只是完成了一半，另一半要依靠读者完成。或者说，只有当读者认可并且在实践中发展和创新了，才是一套教材的真正成功，也是对作者和编者的最高奖赏。

我们诚恳希望广泛听取读者和专家学者的批评指正，我们对您深怀敬意和期待！

孙云晓

2017年9月

图书在版编目（CIP）数据

这样爱你刚刚好，我的1—2岁孩子 / 朱永新，孙云晓，李燕主编. —长沙：湖南教育出版社，2017.11
ISBN 978-7-5539-5727-2

Ⅰ.①这… Ⅱ.①朱… ②孙… ③李… Ⅲ.①婴幼儿—家庭教育 Ⅳ.①G781

中国版本图书馆CIP数据核字（2017）第214017号

ZHEYANG AI NI GANGGANGHAO,
WO DE 1—2 SUI HAIZI

书　　名　这样爱你刚刚好，我的1—2岁孩子
出 版 人　黄步高
责任编辑　陈慧娜　彭　霞　崔俊辉
封面设计　天行健设计
责任校对　胡　婷　鲍艳玲　丁泽良
出　　版　湖南教育出版社（长沙市韶山北路443号）
网　　址　http://www.hneph.com
电子邮箱　hnjycbs@sina.com
微信服务号　极客爸妈
客　　服　电话 0731-85486979
发　　行　湖南省新华书店
印　　刷　深圳当纳利印刷有限公司
开　　本　787×1092　16开
印　　张　12.25
字　　数　100 000
版　　次　2017年11月第1版　2017年11月第1次印刷
书　　号　ISBN 978-7-5539-5727-2
定　　价　48.00元